अंग्रेज़ी की समकालीन स्त्री-कविता

जुगलबन्दी

चयन एवं अनुवाद

रेखा सेठी

वाणी प्रकाशन

प्रकाशन के उत्कृष्टतम 62 वर्ष

vaniprakashan.com

सजिल्द प्रथम संस्करण : 2025

वाणी प्रकाशन

4695, 21-ए, दरियागंज, नयी दिल्ली-110 002
फ़ोन : + 91 11 23273167, 23275710

शाखाएँ

अशोक राजपथ, पटना-800 004, बिहार
कॉफ़ी हाउस कैम्पस, महात्मा गांधी मार्ग, प्रयागराज-211 001, उत्तर प्रदेश
महात्मा गांधी अन्तरराष्ट्रीय हिन्दी विश्वविद्यालय, वर्धा-442 001, महाराष्ट्र
sales@vaniprakashan.in
vaniprakashan@gmail.com

Jugalbandi
Selected & Translated by Rekha Sethi

ISBN : 978-93-6944-228-7
Poetry Collection

मूल्य : ₹ 675

आर. टेक ऑफ़सेट, दिल्ली-110 032 में मुद्रित

वाणी प्रकाशन का लोगो मक़बूल फ़िदा हुसैन की कूची से

स्त्री रचनाशीलता
के नाम

भूमिका

संगीत में जुगलबन्दी का जादू सर चढ़कर बोलता है। संगीत की अनेक बैठकों की स्मृति अभी भी मन में ताज़ा है जब मंच पर दो कलाकारों की संगत को जुगलबन्दी में बदलते देखा। पण्डित बिरजू महाराज मंच पर प्रस्तुति देते हुए अचानक तबला वादक को चुनौती देते और फिर तबला, सारंगी और पण्डित जी के पैरों में बँधे घुँघरुओं के बीच भाव, राग और ताल का अद्‌भुत संगम मंच पर सजीव हो जाता। यही जुगलबन्दी का जादू है, अलग-अलग कलाकार मैत्रीपूर्ण प्रतिस्पर्धा में ऐसा रोमांच उत्पन्न करते हैं कि रस वर्षा होने लगती है! पण्डित रविशंकर तथा उस्ताद अली अकबर ख़ाँ जैसे महान संगीतकारों ने जुगलबन्दी को विश्व भर में लोकप्रिय बनाया। जब मैं अनुवाद पर सोचती हूँ तब मुझे अनुवाद के लिए यही शब्द सबसे सार्थक लगता है। अनुवाद, लेखक और अनुवादक के बीच की 'जुगलबन्दी' है... मैत्रीपूर्ण प्रतिस्पर्धा...सुन्दर अनुवाद वही है जहाँ अनूदित रचना भी स्वतन्त्र हो, अनूठी हो और मूल रचना जैसा आस्वाद लिए...दोनों रचनाएँ, स्वतन्त्र सृजनात्मक कृतियाँ; साहित्य की दुनिया में जिनकी अपनी अलग जगह है। जुगलबन्दी की तरह साथ-साथ और स्वतन्त्र!

जुगलबन्दी का प्राण है उसकी 'स्पॉनटेनियटी', सहज त्वरित रचनात्मकता। अनुवाद में भी इस ताज़गी को निभाना और साधना काफ़ी चुनौतीपूर्ण रहता है। मूल भाषा की रचना सन्दर्भ तो देती है लेकिन उस भाव को दूसरी भाषा में उतार पाना अनुवादक के लिए एक तनी हुई रस्सी पर चलने के समान है, ज़रा भी सन्तुलन डगमगाया कि रचनात्मकता ग़ायब हो जायेगी। जितना सौन्दर्य मूल रचना में है, अनुवादक को लक्ष्य भाषा में उसे वैसे ही साधना पड़ता है कि पढ़ने वाला अभिभूत होकर कह उठे, वाह उस्ताद वाह! अगर अनुवाद सही न बैठे तो यह 'वाह' ही

‘आह’ हो जाती है और पढ़ने वाले के लिए अनूदित रचना किसी संकट-बोध से कम नहीं होती।

ऐसे में, क्या अनुवाद सिर्फ़ भाषाओं का खेल है? लेकिन सच कहें तो क्या इसका कोई एकतरफ़ा उत्तर हो सकता है? यूँ भी जीवन हो या साहित्य मुझे ‘एब्सलूटिज़्म’ से बहुत डर लगता है। लोकप्रिय गीत की एक पंक्ति मुझे बहुत प्रिय है–‘न मेरा सही, न तेरा ग़लत’। एक-दूसरे को समझने की ज़रूरत होती है, अनुवाद यह गुंजाइश पैदा करता है। वह निश्चय ही दो भाषाओं के बीच संवाद बनता है लेकिन सिर्फ़ एक भाषा से दूसरी भाषा तक रचना का रूपान्तरण हो जाने से ही बात नहीं बनती। ख़ास तौर पर साहित्यिक अनुवाद, जिसमें पाठकीय आनन्द का विशेष महत्त्व है।

अब ऐसा कहना भी उतना ही संकटपूर्ण है क्योंकि जब भी हम अनुवाद की प्रक्रिया, अनुवाद की सैद्धान्तिकी और अनूदित रचनाओं की बात करते हैं तो कुछ भी कहते ही उसका प्रतिपक्ष सामने आ खड़ा होता है। यह ख़याल आने लगता है कि यह पूरा सच नहीं है। जैसे जितना ज़रूरी यह है कि रचना का पूरा भाव रूपान्तरित हो; पढ़ने वाले को मूल रचना-सा आनन्द आये; उसे यह पता न चले कि वह एक अनूदित रचना पढ़ रहा है, आदि–ये सभी बातें सही होते हुए भी ग़लत हो सकती हैं, यहाँ यह भी लक्षित करना होगा कि पाठकीय आनन्द के लिए कथ्य को लक्ष्य भाषा के अनुरूप ढलना होता है। ऐसे में हम कब जान पाते हैं कि स्रोत भाषा में रचना करते हुए रचनाकार भाषा को कैसे बरतता है? किसी भी भाषा में भाषा की सम्भावनाएँ कितनी तरह से खुल सकती हैं? एक ही भाव को कितनी तरह कहा जा सकता है? अनूदित रचना जब अपने मूल के उतना निकट होगी तभी यह अन्तर हम तक पहुँच पायेगा। इसका अभिप्राय क्या यूँ समझा जाये कि रचना की पठनीयता को लक्ष्य भाषा में ढालने के लिए मूल भाव का अनुकूलन नहीं होना चाहिए? पाठक को हर समय यह अहसास होता रहे कि वह एक अनुवाद पढ़ रहा है जिससे मूल भाषा के सौन्दर्य से भी पाठक का परिचय बनता चला जाये। उसके भाषिक आस्वाद को मूल भाषा के मिज़ाज़ तक जाना होगा। इससे उसका अपना भाषा संसार भी विस्तृत और समृद्ध होगा; दो भाषाएँ एक-दूसरे को बहुत कुछ सौंपने में सक्षम हो पायेंगी। यह लेना-देना और आवाजाही ही अनुवाद की पूरी प्रक्रिया का प्राण है। यही अनुवाद को अधिक सक्षम और स्पृहणीय बनाता है। यही है भाषाओं की जुगलबन्दी!

अनुवाद करते हुए हम केवल दूसरी भाषा की बारीक़ी ही नहीं सीखते बल्कि अपनी भाषा के उन प्रयोगों को भी पकड़ पाते हैं जो साधारण ढंग से पढ़ते या

लिखते हुए छूट जाते हैं। सामान्यत: भाषा-प्रयोग का हमारा दायरा कुछ चुनिंदा शब्दों, पदबन्धों के इर्द-गिर्द घूमता रहता है। अक्सर बहुत थोड़े शब्दों में ही हमारी बातचीत का सारा कारोबार निपट जाता है लेकिन 'शब्द और मौन' के संयोजन में जो रिक्त स्थान छूट गये हैं, इसे अनुवादक ही समझता है। कहे-अनकहे के बीच, रूप धरती रचना का अनुवाद करते हुए ही हम उस पेंच को पकड़ पाते हैं कि लेखक ने साधारण-सी बात को किस अदा के साथ कह दिया! अनुवाद की प्रक्रिया, लेखन की प्रक्रिया को भी हमारे सामने उजागर करती है। हमें उसके कवित्व में कविता का सौन्दर्यशास्त्र समझ आने लगता है।

बहुत समय से मेरी इच्छा थी कि मैं कविताएँ लिखूँ लेकिन मेरे भीतर बैठा आलोचक हर बार मेरे कवित्व पर अंकुश लगाता रहा है। अनुवाद करना मेरे लिए अपने भीतर के कवि से संवाद करने जैसा है। हिन्दी के प्रतिष्ठित कवि रघुवीर सहाय ने साहित्य अकादेमी की एक अनुवाद कार्यशाला में यह स्वीकार किया कि वे अनुवाद तभी करते हैं जब वे किसी कवि की काव्य भाषा को पकड़ना चाहते हैं या कविता लिखने में वह कवि किन काव्यात्मक उपकरणों, संसाधनों का उपयोग करता है, यह समझना चाहते हैं। उनके अनुसार यह अपने 'सामाजिक स्वत्व' को पहचानने की तरह है। इसका उल्लेख हरीश त्रिवेदी ने *सर्वाइवल* शीर्षक से प्रकाशित हिन्दी कवियों के अंग्रेज़ी अनुवाद के संकलन के 'आफ़्टरवर्ड' में किया है। इस दृष्टि से अनुवाद का अर्थ अपने स्वत्व को निरस्त करना नहीं है बल्कि अपने स्व को रचनाकार के स्व से जोड़ पाने के ख़ूबसूरत प्रयास में है; जुगलबन्दी में है!

***

समकालीन अंग्रेज़ी कवियों के अनुवाद की शुरुआत सुकृता की कविताओं से हुई। उनकी कविताओं के एक संकलन का मेरे द्वारा किया गया हिन्दी अनुवाद 2018 में 'समय की कसक' शीर्षक से प्रकाशित हुआ। उसके बाद 2020 में जब कोविड के दौरान हम दोनों एक पुस्तक पर काम कर रहे थे, तब कोविड की त्रासदी में मज़दूरों का जीवन जिस तरह घिर गया था, जीवन और मृत्यु के मायने बदल गये... उससे प्रभावित होकर उन दिनों सुकृता ने 'गंगा से संवाद' की एक श्रृंखला लिखी। उसी समय मैंने उसके कुछ हिस्सों का अनुवाद किया और फिर उस पर हमने एक छोटा वीडियो भी बनाया। उसी दौरान मेरा मन हुआ कि मैं जानूँ कि अंग्रेज़ी में अन्य स्त्री रचनाकार क्या-क्या लिख रही हैं। उसी प्रक्रिया में पहले संजुक्ता दास गुप्ता, लक्ष्मी कण्णन, तिशानी दोषी, प्रिया सरुक्कई छाब्रिया, इन सबकी कविताओं के अनुवाद

किये जो अलग-अलग ऑनलाइन या प्रिंट पत्रिकाओं में प्रकाशित हुए। लेकिन उसके बाद भी यह सवाल मन में टँगा ही रहा कि समकालीन अंग्रेज़ी कविता में स्त्री रचनाकारों की कविता की दुनिया कैसी है?

मैंने अलग-अलग तरह के कवियों को चुनने की कोशिश की और यह पाया कि सबकी आवाज़ उनके काव्यगत सरोकारों के साथ-साथ बदलती है। स्त्रियाँ हों या अन्य कोई समूह, कभी एकरूप नहीं होता। उनकी सामाजिक स्थिति, भौगोलिक उपस्थिति या अन्य ऐसे घटक उनके बीच बड़े अन्तराल पैदा करते हैं। इन समकालीन स्त्री कवियों की कविताओं से गुज़रते हुए इनकी कविताओं में समानता-असमानता के जितने पड़ाव हैं, वे सब मुझ पर खुलते गये। यहाँ अंग्रेज़ी भाषा में लिखने वाली समकालीन अट्ठारह स्त्री कवियों की कविताएँ हैं। यह जादुई संख्या किसी योजना के तहत सामने नहीं आयी बल्कि एक सिलसिला जो शुरू हुआ, चलता चला गया और आगामी समय में और आगे बढ़ेगा।

किसी भी संकलन की तैयारी में कई तरह के जोख़िम रहते हैं। एक मत यह है कि एक संचयन में एक ही तरह के कवि होने चाहिए जिससे कि संकलन में एक अन्त:सूत्र बना रहे। यह समानता अनेक स्तरों पर हो सकती है, जैसे–विचारधारा, कविता के विषय, कलात्मक दृष्टि या अन्य कोई बिन्दु जो अलग-अलग रचनाकारों को एक पंक्ति में ले आये लेकिन मुझे इस व्यवस्था से हमेशा परेशानी होती है। ऐसे समीकरण सामाजिक यथार्थ, देखने-समझने की दृष्टि को सीमित कर देते हैं। विविधवर्णी दुनिया को देखने का एक ही चश्मा हो जैसे! इसलिए मेरी इच्छा रही कि मैं, अलग-अलग स्त्री-कवियों का चयन करूँ, जो अपनी संवेदना, शिल्प और सामाजिक दृष्टि में एक-दूसरे से भिन्न हों; उनकी सामाजिक परिस्थितियाँ अलग हों; भौतिक उपस्थिति देश-दुनिया के अलग हिस्सों तक विस्तृत हो; उनके बीच ऐसे और भी छोटे-बड़े अन्तर हों। इस तरह जो संकलन तैयार होगा उसमें एक विविधता भी होगी और एक पूरी तस्वीर हमारे सामने आयेगी। बस, इनके बीच समानता इतनी ही है कि सभी स्त्रियाँ हैं और भारतीय मूल की हैं!

स्त्रियों के लिए कविता करना अपने आप में सशक्तीकरण की ओर उठा हुआ एक क़दम है जिसके माध्यम से उन्हें बोलने का अवसर मिलता है; अपने बारे में, समाज के बारे में। यद्यपि स्त्री और पुरुष अपने समय में एक ही यथार्थ के साक्षी हैं तब भी स्त्रियों के पास अपना एक लेंस अवश्य है जिससे वे सदियों से तहों-पर्दों में छिपी सच्चाइयों को उजागर कर देती हैं। भारतीय भाषाओं में लिखी स्त्री-कविता स्त्री चिन्तन का विशिष्ट पक्ष और परिप्रेक्ष्य प्रस्तुत करती है। नब्बे के दशक से भारतीय

भाषाओं में स्त्री-विमर्श का स्वर प्रखर हुआ। उसके साथ ही स्त्री रचनाकारों की कविता में स्त्री पक्ष का एक घेरा सा बनता गया। इस संकलन में यह कोशिश रही है कि ऐसी कविताओं का चयन हो जो स्त्री-कविता के विस्तृत क्षितिज को प्रस्तुत कर सके, मात्र स्त्रीवादी रचनाएँ ही उनकी पहचान न बन जायें। ये सभी कवि अपनी तरह से फेमिनिस्ट हैं और फेमिनिज़्म के घेरे के बाहर भी बहुत कुछ हैं।

मुझे याद है, जब मैंने सुकृता की कविताओं का अनुवाद किया, तब उस पुस्तक पर परिचर्चा के दौरान हिन्दी की समर्थ युवा कवि अनुपम सिंह ने यह बात रखी कि उन्होंने वह पुस्तक यह जानने के लिए उठाई कि अंग्रेज़ी की समकालीन भारतीय स्त्री-कविता में स्त्री जीवन की अभिव्यक्ति किस रूप में हो रही है? इस आग्रह के कारण उन्हें कुछ निराशा ही हुई होगी। सुकृता की रचना-भूमि जिस बिन्दु पर अवस्थित है, वहाँ केवल एक स्त्री नहीं है, व्यक्ति है जो एंड्रोजिनस है अर्थात एक ही देह में स्त्री और पुरुष दोनों का निवास है। उसका भाव-जगत पूरी सृष्टि, प्रकृति, आचार-व्यवहार और भी न जाने किन-किन तत्त्वों के समंजन से रूप धरता है।

अनुवाद करते हुए हमारे सामने यह सवाल भी बना रहता है कि हम किसके लिए अनुवाद कर रहे हैं? जब एक ही भाव को कवि और अनुवादक पकड़ने की कोशिश करते हैं तो रचना अलग रंग में रँगी हुई दिखाई पड़ती है, जैसे कोई भी एक भाव किन्हीं दो कवियों की क़लम से काग़ज़ पर एक-सा नहीं उतरता, वैसे ही एक ही रचना के दो अनुवाद भी एक दूसरे से भिन्न हो सकते हैं। यद्यपि हिन्दी और अंग्रेज़ी की मूल प्रकृति में अन्तर है, लेकिन यहाँ यह भी रेखांकित करना होगा कि यह अंग्रेज़ी, यूरोपियन या अमेरिकी अंग्रेज़ी नहीं है, जिसमें हमारे लिए एक परायापन हो। यह अंग्रेज़ी स्वीकृत भारतीय भाषा है, जो भारतीय सांस्कृतिक पृष्ठभूमि से पुष्ट है। इसका टोन एक ख़ास अर्थ में भारतीय है दूसरे ये अनुवाद भी किसी विदेशी पाठक के लिए न होकर उस भारतीय पाठक वर्ग के लिए ही किये जा रहे हैं जो सम्भवत: इन्हें अंग्रेज़ी में नहीं पढ़ सकता या जब अंग्रेज़ी में पढ़ता है तो इसकी भाव-भूमि की गहराई को उस तरह महसूस नहीं कर पाता, इसलिए वह सुविधा के लिए इन्हें हिन्दी में पढ़ना चाहता है। अनुवाद करते हुए मैंने इसी बात को सामने रखा कि जब मैं इन कविताओं का पाठ करती हूँ तो क्या वे मुझे भारतीय आवाज़ में सुनाई देती हैं और बहुत बार यह भी लगा कि जिस बिम्ब को पकड़ने की कवि कोशिश कर रही हैं वे भी उनके मस्तिष्क में किसी भारतीय सन्दर्भ से बन रहा है। विशेष रूप से लक्ष्मी कण्णन की कविताओं का अनुवाद करते हुए और इन कविताओं को उनके मूल रूप में पढ़ते हुए मुझे यह अहसास लगातार होता रहा। जब मैंने यह बात

लक्ष्मी जी से कही तो उन्होंने यह स्वीकार किया कि पहले-पहल जो बिम्ब उनके मन में उतरते हैं, वह सम्भवत: भारतीय भाषा में ही होते हैं। इसी से उनका मिज़ाज ठेठ भारतीय है। ऐसे में, क्या यह कहा जा सकता है कि इन कविताओं का हिन्दी अनुवाद करने से इन्हें एक नया जन्म मिलेगा, नया अवतार, क्योंकि अंग्रेज़ी का मिज़ाज भले ही तना हुआ चुस्त भाषा का है जबकि हिन्दी में वही कविताएँ धीरे-धीरे खुलती हैं जैसे कोई हड़बड़ी न हो।

इन कविताओं की अंग्रेज़ी भारतीय भाषाओं में से एक है। यहाँ हिन्दी और अंग्रेज़ी प्रतिद्वन्द्वी भाषाएँ नहीं हैं। उनके ऊपर औपनिवेशिकता का कोई दबाव भी नहीं बल्कि दो अन्य भारतीय भाषाओं की तरह एक ही संस्कृति, एक ही भाव को अपने में समेटे, एक-दूसरे के अगल-बगल खड़ी नज़र आती हैं। भारतीय अंग्रेज़ी साहित्य के रचनाकारों ने यह सचेष्ट प्रयास किया है कि अंग्रेज़ी को उसकी अंग्रेज़ीयत से मुक्त कर उसे अपनी भाषा बनायें, जो सिर्फ़ तथाकथित 'इलीट' वर्ग की भाषा न हो। हर भाषा में हर समय एक भरा-पूरा जीवन सक्रिय रहता है, यानी भाषा की एक जातीय स्मृति होती है–उसे अंग्रेज़ी की कवियों ने कैसे खोला यह जानना दिलचस्प रहा।

बहुत बार अनुवाद में जहाँ ऐसा लगे कि रचना बैठ नहीं रही तो अनुवादक उसके कुछ हिस्से छोड़ देता है लेकिन इन कविताओं के अनुवाद में मैंने यह कोशिश की है कि एक पंक्ति भी न छूटे बल्कि जहाँ ज़रूरत पड़ी वहाँ इक्का-दुक्का शब्द या एकाध छोटी-सी पंक्ति जोड़ी अवश्य है जो हिन्दी की प्रकृति के अनुकूल थी और उससे आशय स्पष्ट करने में भी मदद मिली। कुछ कविताओं में कथात्मक गद्यात्मकता है और कहीं-कहीं विराम चिह्नों का एक अलग तरह से प्रयोग किया गया है, यानी विराम पूरा वाक्य ख़त्म होने पर नहीं बल्कि कविता की पंक्ति के ठीक बीच में आता है। ऐसे समय में यह तय करना ज़रूरी हो गया कि पंक्ति को किस बिन्दु पर बदला जाये? हिन्दी में नयी कविता के दौर से ही यह चलन हो गया था कि कविता में लाइन ब्रेक लय से बनता है। अंग्रेज़ी कविताओं का अनुवाद करते हुए भी, मैंने यह सहूलियत ली कि जहाँ कविता में लय की डिमांड बनी वहीं थोड़ा रुका जाये, वहाँ से एक नयी पंक्ति की शुरुआत हो। पंक्ति बदलने से उसका अर्थ अधिक स्पष्ट हुआ और निखर कर आया।

जब मैं अलग-अलग रचनाकारों की कविताएँ चुन रही थी तब भी मेरा ध्यान इस बात पर रहा कि किसी एक कवि की एक ही जैसी कविताएँ न ली जायें। यदि मैं चार कविताएँ ले रही हूँ तो चारों की भाव-भूमि कुछ अलग हो क्योंकि इस संकलन

को उस कवि की रचनाशीलता का प्रतिनिधित्व करना है। ऐसे में, हम उनकी एक जैसी कविताओं को साथ नहीं ले सकेंगे। हो सकता है कि पाठक को ऐसा लगे कि संकलित कविताओं में से कुछ कविताएँ, किसी कवि की सबसे सशक्त या प्रतिनिधि कविताएँ नहीं हैं लेकिन विविधता के तकाज़े से कुछ बहुत लोकप्रिय कविताओं को छोड़कर दूसरी कविताओं को चुना गया जिससे कि पाठक महसूस कर सके कि एक कवि अपनी क्रीज़ के बाहर आकर कैसे बल्लेबाजी करता है यानी जो उसका सबसे पसन्दीदा क्षेत्र है उसको छोड़कर वह अपनी कविता के साथ किस तरह के प्रयोग कर रहा है। साहित्य और भाषा के सन्दर्भ में यह प्रयोगधर्मिता अत्यन्त मूल्यवान है। इन कविताओं को पढ़ते हुए हम महसूस करेंगे कि रचनाकार के स्त्री होने के कारण हर एक के यहाँ कुछ कविताएँ ऐसी मिल जाती हैं जिनका सम्बन्ध स्त्री के स्त्रीत्व से है लेकिन सभी कविताएँ केवल और केवल स्त्रीवाद के मुद्दों को नहीं उठातीं। मसलन् अमेरिका में लिख रहे कवियों के लिए डायस्पोरा का अनुभव, दो संस्कृतियों के मेल और टकराहट के सवाल, अधिक महत्त्वपूर्ण हो जाते हैं। वे एक बड़े परिदृश्य में अपने आप को लोकेट करने की कोशिश कर रही हैं या नस्लवाद के उस घिनौने रूप को अभिव्यक्त करने की, जो तथाकथित विकसित समाज के रुपहले आकर्षण की आन्तरिक सच्चाई है।

साहित्य 'यूनिवर्सल ह्यूमन एक्सपीरियंस' अर्थात ऐसे सार्वजनीन मानवीय अनुभव पर टिका है जो देश, धर्म, लिंग आदि की सीमाएँ नहीं जानता; वह इन कविताओं में अनुभव किया जा सकता है। अमेरिका स्थित कवि किस तरह दो संस्कृतियों के बीच तुलना कर रही हैं यह देखना रोचक है। उषा अकेला की एक कविता अमेरिका में उस अनुभव के बारे में है जो अश्वेत लोगों के जीवन का कोई मूल्य नहीं जानती और दूसरी कविता उन व्हाइट कवियों के बारे में है जिन्होंने अपनी कविता को केवल शब्दों के आल-जाल और अपनी भाषा के कमाल तक सीमित कर लिया है और जो असली जीवन से बहुत दूर निकल गयी है। इसी के बरअक्स अनिता नाहल की कविता 'वॉट्स रांग विद अस काली वूमेन' माँ काली के बारे में है–काली जो देवी है, शक्ति स्वरूपा, सांस्कृतिक प्रतीक भी। काली के समान सशक्त औरतें सारे समाज से लोहा ले सकती हैं।

इन कवियों में अध्यात्म भी उनके जीवन का अभिन्न अंग है। अरुंधति सुब्रमण्यम की कविताएँ अध्यात्म में ही अपने स्व को खोजती और पूर्णता पाती हैं। विनीता अग्रवाल के यहाँ भी कुछ कविताओं में ईश्वर के प्रति समर्पण का भाव है। प्रिया सरुक्कई भक्त कवि की ही तरह ईश्वर को पुकारती हैं। सुकृता की कविता,

विराट में लय हो जाने का उपक्रम है। एक बड़ी सत्ता है जो पूरी सृष्टि को चला रही है उसके प्रति कवियों के भाव अलग-अलग हैं। लेकिन किसी न किसी स्तर पर वे अपनी आइडेंटिटी को डिफ़ाइन करने में, उसे पूरा करने में मदद करते हैं उसके योग को इन कवियों ने महसूस किया है, जिससे इस कविता का यथार्थ केवल बाहरी यथार्थ तक सीमित नहीं है, भीतरी मन का आन्तरिक यथार्थ भी उसे संचालित कर रहा है। यह उदात्तता, एक अर्थ में स्पिरिचुअलिटी भी है और अध्यात्म भी! भारतीय संस्कृति में हम इह-लोक और एक दूसरे लोक में भी जीते आये हैं। इस अर्थ में ये कविताएँ हमारे व्यक्तित्व की इस विराटता की साक्षी हैं।

कहने को तो ये सब स्त्री मन की अभिव्यक्तियाँ हैं लेकिन इनका रेफरेंस प्वाइंट मात्र पितृसत्ता नहीं है। अध्यात्म, राजनीति, प्रकृति, पर्यावरण, प्रेम, सम्बन्ध, भाषा, कविता का सौन्दर्यशास्त्र आदि, कविता के जो भी विषय हो सकते हैं, इन कविताओं का विविधवर्णी संसार उन्हें अपने भीतर समेटे हुए है।

नबीना दास, मीना कंदसामी, संजुक्ता दासगुप्ता, तिशानी दोषी–ने कुछ 'प्यूरली पॉलिटिकल' पोएम्स लिखी हैं, जो इस संकलन में शामिल हैं। इनकी ख़ूबसूरती इस बात में है कि ये जताती हैं, नागरिक के रूप में स्त्रियों के अपने सामाजिक-राजनीतिक सरोकार भी होते हैं। वे समाज में अपनी सहमति और असहमति दर्ज करना चाहती हैं और उसे जताने में काफ़ी वोकल हैं। कविताओं में सम्बन्धों की भी एक सुन्दर दुनिया है–चाहे संजुक्ता की कविता 'माँ का हारमोनियम' हो या बसुधरा की 'एक कवि से प्रेम करते हुए' आदि लेकिन साथ ही सम्बन्धों की कड़वाहट, उसके छद्‌म को देखने से भी यह स्त्रियाँ नहीं चूकतीं। मीना कंदसामी और तिशानी दोषी की कविताओं में यातनापरक प्रेम का असली चेहरा देखा जा सकता है। कवि की लोकेशन भी उसकी भाव भूमि को तैयार करती है। जैसा मैंने पहले लिखा। अनीता नाहल और उषा अकेला अगर अमेरिका से लिख रही हैं तो अमेरिका का जीवन उन कविताओं में आयेगा ही लेकिन जैसे गायत्री मजूमदार समन्दर किनारे से लिख रही हैं उनकी कविताओं में उस जलवायु की सुगन्ध है। प्रिया 'पोएट्री एट संगम' चलाती हैं और संस्कृत की अच्छी विद्वान हैं, उनकी कविताएँ रवीन्द्रनाथ ठाकुर और कालिदास के काव्य को प्रेरणा रूप में ग्रहण करती हैं।

इस संकलन में कुछ बहुत वरिष्ठ कवि हैं तो कुछ युवा जज़्बे से भरे हुए नाम हैं, जिनमें बसुधरा, मीना, तिशानी हैं। कुछ वरिष्ठ कवि ऐसी भी हैं जिन्होंने कविता की पहली पुस्तक ही प्रकाशित की है, जैसे मालाश्री लाल और राधा चक्रवर्ती। इनका लेखन आलोचना और साहित्य के गद्यात्मक रूपों में ही अधिक है लेकिन जब

उन्होंने कविताएँ लिखीं तो मेरी नज़र उन पर गयी, इसका एक बड़ा कारण यह भी है कि वे मेरी क़रीबी हैं। उनकी पुस्तकों के लोकार्पण में सुनी कुछ कविताएँ मेरे साथ रह गयीं और मैंने सहज ही उनके अनुवाद किये जो यहाँ शामिल हैं। कुल मिलाकर, इस संकलन का ढाँचा कुछ इस तरह का है जिसमें पाठक को यह सुविधा मिलेगी कि वह किसी आग्रहपूर्ण 'स्ट्रक्चरल सब्जेक्टिविटी' में बँधा हुआ नहीं है। अंग्रेज़ी में जिसे हम 'रेंडम सिलेक्शन' कहते हैं जिसमें स्पॉनटेनियटी और उत्साह का अपना रंग होता है, यह काव्य संकलन भी उसी रचनात्मक उत्साह का प्रतिबिम्ब है। जैसे प्रिज़्म से गुज़रती रोशनी अनेक रश्मियों में बिखर जाती है, वैसे ही इस संकलन से गुज़रते हुए पाठक को कविता के कई फॉर्म, कई रूप, कई भाव-बोध एक साथ देखने को मिलेंगे जो रोचक होंगे और विस्तृत भी, इसी विश्वास के साथ...

इस पुस्तक के प्रकाशन के लिए वाणी प्रकाशन के प्रति हृदय से आभार प्रकट करती हूँ। वाणी प्रकाशन, समय के साथ चलते हुए साहित्य की दुनिया में अनुवाद के महत्त्व को समझ रहा है और यह पुस्तक इसी सदिच्छा का परिणाम है। श्री अरुण माहेश्वरी तथा अदिति माहेश्वरी-गोयल को बहुत धन्यवाद। वाणी प्रकाशन समूह की पूरी सम्पादकीय टीम का शुक्रिया जिन्होंने इस पुस्तक पर काम किया। अपनी मित्र और सहयोगी प्रोफ़ेसर रेखा उप्रेती को अपार स्नेह, जिन्होंने साथ बैठकर कविताओं के अनुवाद सुने और महत्त्वपूर्ण सुझाव दिये। घर-परिवार से जो सहयोग मिला उसके लिए धन्यवाद के शब्द बहुत कम हैं। इस पुस्तक के लिए चयनित कुछ कविताओं के अनुवाद इससे पहले 'समालोचन', 'शब्दांकन', 'समकालीन भारतीय साहित्य' तथा 'वागर्थ'-पत्रिकाओं में प्रकाशित हुए हैं, उनका भी हृदय से आभार। यहाँ शामिल सभी कवियों ने अपनी कविताओं के अनुवाद और प्रकाशन की स्वीकृति दी, उसके लिए मैं उनकी विशेष रूप से आभारी हूँ। सभी ने अनुवाद की प्रक्रिया और शब्दों के चुनाव आदि में सजग भाव से रुचि लेकर सक्रिय सहयोग दिया, इसी से यह जुगलबन्दी सम्भव हुई!

–रेखा सेठी

अनुक्रम

अनिता नाहल

भारतीय-अमेरिकी लेखक और शिक्षाविद्, अनिता नाहल, अपनी गद्य-कविताओं के लिए प्रख्यात हैं जो अक्सर एक लम्बी पंक्ति से शुरू होकर, फिर उस जैसी कई पंक्तियों की सिलसिलेवार संरचना बनती चली जाती है। उनकी कविताओं में प्रवासी जीवन का तीव्र अहसास है। यह स्त्री के निजी अनुभवों का संसार है जिसका अपने समय और समाज से अटूट रिश्ता है। स्त्रीवाद, प्रवासन, मातृत्व, जेंडर आधारित विभेद तथा महिलाओं के विरुद्ध यौन हिंसा जैसे विषयों को मुखर करती उनकी कविताएँ अपनी धारदार स्पष्टता और गहन भाव-बोध के साथ उच्च मानवीय संवेदनाओं को स्पर्श करती हैं।

अनिता की कविताओं में हाशिए पर रहने वाली वैश्विक आबादी की पीड़ा और तकलीफ़ मुखर होती है। वे अक्सर उस हाशियाकृत समाज को अपनी कविताओं के केन्द्र में लाती हैं जिन्होंने जातीय स्तर पर बर्बरता और हिंसा का सामना किया है लेकिन वर्तमान में उनके दुख और पीड़ा को स्मृति और इतिहास ने भी भुला दिया। अश्वेतों पर लिखी गयी अपनी कविताओं के माध्यम से वे यातना के सार्वभौमिक ढाँचे को छूती हैं।

उनके लेखन में उपन्यास, कहानी, कविता, बाल-साहित्य जैसी विधाएँ शामिल हैं। अब तक उनकी कविताओं की चार पुस्तकें, एक फ़्लैश-फिक्शन (*लाइफ ऑन द गो,* 2020), एक उपन्यास, बाल-साहित्य की चार पुस्तकें और पाँच सम्पादित संचयन प्रकाशित हैं। *व्हाट्स रॉन्ग विद अस काली वीमेन?* (2021) जैसी प्रसिद्ध कविता में वे समाज के स्त्री-विरोधी नज़रिये को रेखांकित करते हुए उस अन्तर्विरोध

को उजागर करती हैं, जहाँ स्त्री को देवी-स्वरूपा मानकर उसकी पूजा-अर्चना होती है लेकिन व्यावहारिक जीवन में उसे अनेक प्रकार से अपमानित और वंचित किया जाता है। इस संग्रह को गुयाना के भारतीय-कनेडियन कवि-उपन्यासकार सिरिल देबीडीन द्वारा 'आर्स नोटोरिआ' में 2021 की सर्वश्रेष्ठ कविता पुस्तक के रूप में नामित किया गया। यह कृति नीदरलैंड्स के यूट्रेक्ट विश्वविद्यालय की मल्टीकल्चरल सोसाइटी के एक पाठ्यक्रम में शामिल है। 2020 में प्रकाशित उनका पहला उपन्यास *ड्रेंचड थॉट्स* भी इसी विश्वविद्यालय के पाठ्यक्रम में स्वीकृत है। उनकी अन्य काव्य-कृतियाँ हैं–*किसेस एट द एस्प्रेसो बार* (2023), *हे, स्पिल्ट मिल्क इज़ स्पिल्ट, नथिंग एल्स* (2020) तथा *इनिसिएशंस* (1988)। अनिता की कविताएँ यूएस, यूके, एशिया और ऑस्ट्रेलिया की अनेक पत्र-पत्रिकाओं में प्रकाशित हुई हैं और उन्हें विभिन्न संचयनों में भी शामिल किया गया है। उनके द्वारा वर्ष 2020 में सम्पादित, सह-सम्पादित प्रमुख कविता संचयन हैं–*इन ऑल द स्पेसेस; अर्थ, फायर, वाटर, पिंड; पिक्सि डस्ट एंड ऑल थिंग्स मैजिकल* और *सोल स्पेसेस : पोयम्स ऑन सिटीज़, टाउन एंड विलेज*। साहित्य अकादेमी द्वारा प्रकाशित संचयन *बीस भारतीय अंग्रेज़ी कवि* में भी उनकी कविताएँ सम्मिलित हैं। दो बार 'पुश्कार्ट प्राइज़' के लिए नामांकित अनिता नाहल अपने गद्य-कविता-संग्रह *किसेस एट द एस्प्रेसो बार* के लिए 'टैगोर लिटरेरी प्राइज़' (2023) के अन्तिम दौर में शामिल रहीं। वर्तमान में अनिता 'पोएट्री वर्जिनिया सोसाइटी' की समाचार-पत्रिका की सम्पादक हैं और वाशिंगटन डीसी के डिस्ट्रिक्ट ऑफ़ कोलम्बिया विश्वविद्यालय में अध्यापन कर रही हैं।

काली की वंशज हम महिलाओं में क्या ग़लत है?

What's Wrong with us Kali Women?

कुछ ग़लत नहीं है, कुछ भी नहीं। तुम्हारा डर है जो देता है हमें अलग-अलग नाम; जो हम पर अलग-अलग लेबल चिपका देता है। हम स्त्रियाँ काली की वंशज हैं और अन्य सभी देवता, चाहे हों वे–स्त्री, पुरुष या अर्द्धनारीश्वर, हम अन्तर नहीं करते उनमें। आह्वान करते हैं, सीखते-समझते हैं, अपना लेते हैं, अंक भर लेते हैं, हम काली की वंशज स्त्रियाँ हैं। आगे बढ़कर चलती हैं; अपना बोझ ख़ुद उठाती हैं। इनके समक्ष पुरुष भी हकलाते हैं; पौरुष और पितृसत्ता की गाँठ बँध जाती है। ये वही पुरुष हैं, जो शताब्दियों से झुकते आये हैं काली की प्रतिमा के समक्ष; उसके आवरण की मिट्टी को शीश धरते। वे उसे, माँ काली कहते हैं और फिर निर्लज्जता के साथ, दुष्टता जताते, मुड़कर चल देते हैं। मत सोचो कि माँ काली यह सब देख नहीं रही!

कुछ ग़लत नहीं है हम में, कुछ भी नहीं; तुम्हारा डर है जो देता है हमें अलग-अलग नाम। हम काली की वंशज स्त्रियाँ, सभी अवरोधों के बीच से रास्ते बनाकर, आगे ही आगे बढ़ती हैं। उन चीख़ों और पदचिह्नों का पीछा करती हुईं, जहाँ न्याय नहीं मिला–हत्या कर दी गयी न्याय की, जला डाला गया उसे। हम काली की वंशज स्त्रियाँ, न्याय की गुहार लगातीं, आगे बढ़ रही हैं। श्यामवर्णी त्वचा, स्याह पड़ गयी है। ख़ून से लथपथ देह, सैंडल व कपड़े, सराबोर हैं तुम्हारे साँसों की दुर्गन्ध से, तुम्हारे हाथ-पैरों के वार और हिंसा से और फिर तुम अपनी भयावह आवाज़ में रात भर गाते हो–माँ काली, माँ काली, माँ काली। मत सोचो कि माँ काली देख नहीं रही यह सब!

कुछ ग़लत नहीं है हममें, कुछ भी नहीं; तुम्हारा डर है जो देता है हमें अलग-अलग नाम। मेरी देह काली के समान है, मेरा हृदय सोने का। मेरी आत्मा है बच्चे-सी–जो सोता, हँसता, कूदता रहता है। बहती हैं उसकी भावनाएँ, गाय के दूध की मलाई से मथे मक्खन-सी कोमल। मेरी त्वचा अप्रिय है तुम्हें, घृणा करते हो मेरी देह के रंग से; फिर भी धूप में सुखाते हो अपना रंग। मेरी त्वचा असहज करती है तुम्हें, फिर भी तुम उसे एक्ज़ॉटिक कहते हो। मेरी त्वचा गंदी लगती है तुम्हें लेकिन मैं हूँ स्वच्छ। सर्दियों में जब मेरा रंग थोड़ा हल्का पड़ जाता, तुम कहने लगते हो कि मैं साफ़ दिख रही हूँ, गोरी हो गयी हूँ। मैं तो हमेशा से साफ़ थी, यह तुम्हारा ही दिमाग है जो गंदा है। यहाँ तक कि तुम्हारा दिखावे का गंगा स्नान भी, तुम्हारे झूठ को उजागर होने से नहीं छिपा पायेगा।

माँ काली, माँ काली, माँ काली, माँ काली; मत सोचो कि माँ काली देख नहीं रही यह सब!

What's Wrong with Us Kali Women?

एक अश्वेत की जान लेना कितना आसान है

How Easy it is for a Black Life to be Taken

एरिक गार्नर ने कहा, 'मैं साँस नहीं ले सकता', 'मैं साँस नहीं ले सकता' जॉर्ज फ़्लॉयड ने कहा। कौन है जो सुन रहा है? कौन है जो सोच रहा है? कौन सावधान कर रहा है? न्याय, अन्याय। यहाँ तक कि खुरदरे, नुकीले पत्थर भी उन अमानवीय आँखों में आँसू नहीं ला पाते। अमानवीय जकड़न। कड़ी जकड़ में है देह और घुटती पकड़ में साँसें, वह नीलापन, मौत की वह स्तब्धता धीरे-धीरे बढ़ रही। बस खट से सब समाप्त, अविवेकी तर्कहीनता! अश्वेत की जान लेना कितना आसान है।

निर्दोषों की यूँ हत्या करने वालों के दिमाग़ में क्या चलता है? उनके मन में क्या चल रहा, जिन्हें दण्डित किया जा रहा या गोली मारी जा रही? खींचकर अलग किया जा रहा जिन्हें या गिरफ़्तार किया जा रहा? फँसाया जा रहा है जिन्हें, जिन पर आरोप लग रहे, पीट-पीट कर मार डाला जा रहा, जला कर, दम घोंट कर, बलात्कार कर, ख़त्म कर दिया हमेशा के लिए। एक अश्वेत की जान लेना कितना आसान है।

मैं उनकी चीख़ें सुन सकती हूँ, पसीना रिसता हुआ, भयभीत चेहरों पर। हड़बड़ाये दौड़ते क़दम, ज़ख़्मी पोशाकें, नाज़ुक हवा में सरसरातीं। कोई कारण नहीं मिल रहा मुझे। न तर्क हैं, न कोई जवाब। उनके हिस्से की कहानी, बहाने या कोई भी विवरण मायने नहीं रखते, यह जानने के लिए कि निर्दोषों को दोषी ठहराने वालों के मन में क्या चल रहा है। मैं नहीं सुन पाती उनके कोई भी कल्पित भय, उनकी दूषित आत्मा, बिना दिल के

उनकी देह। उनकी अतिशय असभ्य मान्यताएँ जो अहंकार से चिल्लाती हैं, किसी अश्वेत का जीवन लेना कितना आसान है।

एक अश्वेत को मारना इतना आसान क्यों है? मैंने सुना वह चिल्ला रहा था, "मैं सिर्फ़ पक्षी देख रहा हूँ, बात कर रहा हूँ, महज़ साँस ले रहा हूँ, बाहर खड़ा हूँ।" "मैं बस, पड़ोस के उस मैदान में दौड़ रहा हूँ जहाँ तुम खड़े हो अपना हक़ मानकर।"

"मैं बस अपनी गाड़ी चला रहा हूँ, अपने घर में प्रवेश कर रहा हूँ, कोई चिन्ता या उत्तेजना नहीं। मैंने कोई जालसाज़ी नहीं की, कृतघ्नता भी नहीं, किसी से लड़ाई भी नहीं, उकसाया नहीं, कोई हाथापाई या हंगामा भी नहीं।" पर कौन सुनता है। किसी अश्वेत का जीवन लेना कितना आसान है।

कैस्टिल, फ़्लॉयड, गार्नर, ब्लेक, ब्राउन, राइस, ब्लैंड, ग्रे, मार्टिन, आर्बेरी, टेलर, टिल–सिर्फ़ नाम नहीं हैं। वे कभी जीवित थे, किसी के प्यारे, जीवित-जीवन्त। चुरा लिये गये। एक अश्वेत का जीवन लेना कितना आसान है।

What's Wrong with Us Kali Women?

नहाते हुए क्यों झरते हैं मेरे आँसू

Why I Usually Cry in the Shower

जब पानी ढुलकता है मेरी निरावृत्त देह पर, बस केवल पानी ही रह जाता मुझ पर। ढुलकता है मेरे सिर, बालों, चेहरे, गर्दन से होता हुआ, देह के उभारों और दरारों पर रुकता हुआ, पहुँचता है पैरों के पंजों तक। वृत्ताकार जमा हो जाता जैसे सर्दियों में अलाव के चारों ओर बैठे कोई कहता हो कहानी देह के एक-एक हिस्से की जिसे अभी-अभी भिगो दिया उसने और फिर जैसे बिखरा दे कोई माणिक और रूबी के झुरमुट, सब बह जाता नाली में। फिर, जब पानी और मेरे बीच कुछ भी नहीं रह जाता, तो मैं आमतौर पर रो देती हूँ। शायद, कोई साबुन रह गया हो हमारे बीच या कुछ अंगवस्त्र जिन्हें धोना अभी बाक़ी हो। शायद मेरी देह के ही हिस्से हों कोई जिन्हें साफ़ करना अभी बचा हो। लेकिन सब हो जाने के बाद भी, सिर्फ़ मैं हूँ, पानी है, और तार-तार होता मेरी देह का आवरण, मैं आमतौर पर रो देती हूँ। झर-झर आँसू रो देती हूँ। चाहत वहाँ से नहीं आती जहाँ मेरा दिल रहता है। मैंने इसे मनाना सीख लिया है। वहाँ से नहीं जहाँ मेरे विचार भटकते हैं। मैंने उन्हें दबाना सीख लिया है। लेकिन कहीं गहरे, मेरी आत्मा के भीतर, मेरी पीठ-पीछे, उस रीढ़ की हड्डी के नीचे, लहू के भी नीचे जहाँ आमतौर पर जीवाणु रहते और मिलते हैं। मैं रोती हूँ खोए हुए अवसरों, खोये रिश्तों, परिवार की प्रतिष्ठा और ऊँच-नीच के बीच संस्कृति के संरक्षण के लिए। कैसे खो दिये हमने साथ-साथ बड़े होने के रोमानी अनुभव, जवानी के दिन, ख़बरों की चमक और वे भावनाएँ जो भूलने नहीं देतीं कुछ भी, साबुन के रोमांच में डूबने से इनकार कर देती हैं। जब मेरे आँसू पूरी तरह झर-झर बह जाते हैं और बह-बह कर सूख

जाते हैं, तब कहीं जाकर चित्त शान्त होता है और हृदय कृतज्ञता से भर जाता है। सब कुछ नहीं होता, सबके पास। यदि इस सबसे फिर गुज़रना पड़े, किसी और जीवन में तो भी मैं स्वीकार कर लूँगी उसे। समय के हर आबर्तन में मेरा बच्चा फिर-फिर मेरी ही कोख से जन्मे!

What's Wrong with Us Kali Women?

मैं एक नये ज़माने की 'वृद्ध' होती स्त्री हूँ

I am a New 'Aging' Woman

अब मैं चश्मा पहनना पसन्द करती हूँ...आँखों पर कोई मेकअप नहीं, कोई दिखावा नहीं...मेरी कहानी...मेरी आँखों में मेरी कहानी पढ़ो, कोई पर्दा या झिझक नहीं, छुट-पुट सी कोई बात भी नहीं...सुनो या दूर रहो। रुको...और मेरी आत्मा में झाँको, जैसी वह है, तुम्हारे छल-बल से परे!

फैंसी, रंगीन डिज़ाइन बुलाते हैं मुझे, खोये हुए रंग भरते हैं, पलकों के आसपास, जैसे देखे कोई युवा मुड़ते हुए, घेरते हुए नहीं...बस मुड़ते हुए।

मुझे अच्छे लगते हैं वे बाघ जैसे जानवरों वाले प्रिंट जो नरम होते हुए भी मज़बूत और विश्वस्त होने का अहसास दिलाते हैं...

> या फिर वो लाल रंग जो सूरज की रोशनी में चमक उठते हैं,
> और पीले भी जो मेरी वीरान रातों को जगमग कर देते हैं
> या वो सिल्वर जो मेरे बालों की चाँदी से अधिक हैं और
> वे सुनहरे भी जो मेरे साथ नाच उठते हैं
> वे सभी नीले, जो मुक्त कर देते हैं मुझे, मेरे जीवन के नीलवर्णी सन्नाटों से

कौवों के काले पैरों पर किसका ध्यान जाता है, न ही आई-लाइनर के कालेपन पर, आई-शैडो भी परछाईं ही तो है जबकि मैं हूँ।

एक नये ज़माने की वृद्ध होती औरत जिसे अपने चश्मे की वजह से बड़ा दिखने का कोई डर नहीं...मैं हूँ, जो हूँ, दुनिया को अपनी तरह देखती

हुई...न कोई धुँधलापन, न रंगों की झलक, न यह ख़याल कि कोई क्या सोचता होगा!

आँखों पर चश्मा है, कोई तमाशा तो नहीं!

Hey Spilt Milk is Spilt, Nothing Else

अरुंधति सुब्रमण्यम

अरुंधति सुब्रमण्यम, बहुप्रशंसित और बहु-पुरस्कृत कवि हैं। इस लोक की जीवनगत विडम्बनाओं को झेलते, अभिव्यक्त करते हुए एक कवि जब अध्यात्म व संस्कृति के आश्रय में उसे पुनर्जीवित करता है तब कविता जो रूप धरती है, वह अरुंधति की कविताओं में दिखता है। उनकी कविताओं में मिथकीय खोज और आधुनिक बेचैनी की मिली-जुली अभिव्यक्ति है। यह एक ऐसी दुनिया है जो संवाद और असहमति, मौन और प्रलाप के संयोजन से बनी है। एक सार्वजनीन मानवीय अन्तरंगता को पहचानते हुए ये कविताएँ तीसरी दुनिया के जीवन में मिथक, संस्कृति और अस्तित्व सम्बन्धी जिज्ञासा-यात्रा की अनवरत उथल-पुथल को सामने लाती हैं तथा मनुष्य और ईश्वर, देह और आत्मा के विभिन्न द्वन्द्वों की खोज करती हैं। अरुंधति की कविताओं में स्त्रीत्व की निजी पहचान है। स्त्री जीवन के परम्परागत रूपों से मुक्त यह स्त्री का आन्तरिक संसार है जो जटिल भावनाओं को संवेदनशीलता और सटीकता के साथ पकड़ता है।

अब तक अरुंधति की चौदह पुस्तकें प्रकाशित हो चुकी हैं जिनमें *लव विदाउट अ स्टोरी* (2019) उनका नवीनतम कविता संग्रह है तथा *ऑन क्लीनिंग बुकशेल्व्स* (2001), *वेयर आई लिव* (2005), *व्हेन गॉड इज़ अ ट्रेवलर* (2014) उनके अन्य कविता-संग्रह हैं। *वाइल्ड वीमेन* (2024) शीर्षक से सम्पादित पुस्तक में उन्होंने अक्का महादेवी और ललद्यद की राहों पर चलने वाली स्त्री भक्त-कवयित्रियों की रचनाओं का सन्धान किया है। इन रचनाकारों के जीवन व साहित्य से गुज़रते हुए वे उसे स्त्री रचनाशीलता की सांस्कृतिक विरासत के रूप में अर्जित करती हैं। चार

स्त्री तीर्थ-यात्रियों से संवादों का संकलन *वीमेन हू वेयर ओनली देमसेल्व्स* (2021), एक महत्त्वपूर्ण पुस्तक है। उन्होंने गौतम बुद्ध तथा समकालीन सन्त सद्गुरु के जीवन पर केन्द्रित पुस्तकें भी लिखी हैं। इन पुस्तकों में उन्होंने योगी की साधना-यात्राओं को उनकी अस्तित्व-यात्रा के रूप में पेश किया है। इस दृष्टि से अरुंधति का व्यक्तित्व और कार्यक्षेत्र इस भौतिक संसार से ऊपर उठते हुए एक विलक्षण संयोग प्रस्तुत करता है। वह साधारण होते हुए भी असाधारण, शब्दों में निबद्ध होते हुए भी शब्दातीत है।

उन्होंने *पिल्ग्रिम्स इंडिया* (2011) का सम्पादन किया है तथा अंग्रेज़ी में समकालीन भारतीय प्रेम कविताओं के संचयन *कंफ्रंटिंग लव* (2005) का सह-सम्पादन किया है। उनकी कविताएँ भारत और विदेश में अनेक संचयनों में शामिल और अनूदित हुई हैं। उन्हें 'साहित्य अकादेमी सम्मान', 'खुशवन्त सिंह सम्मान', 'ज़ी विमेंस अवार्ड फॉर लिटरेचर', 'रज़ा सम्मान' 2009 से सम्मानित किया गया है। इसके अतिरिक्त उन्हें तीन महत्त्वपूर्ण फ़ेलोशिप भी प्राप्त हुए हैं। वे पोएट्री इंटरनेशनल वेब के भारतीय डोमेन की सम्पादक रही हैं और अपना समय मुम्बई, चेन्नई तथा न्यूयॉर्क के बीच गुज़ारती हैं।

जब ईश्वर एक यात्री हो

When God is a Traveller

भगवान कार्तिकेय, मुरुगन, सुब्रमण्यम जो मेरे हमनाम हैं, उनके विषय में सोचते हुए

जो ईश्वर यात्रा से लौट आये हों
उन पर भरोसा रखो

उनकी आवाज़, अनाज का साबुत दाना
(और शान्त करती कैमोमाइल चाय)
उनका विवेक नीम सरीखा
उनका पक्षी मोर, स्वेद स्नात
छाया में डूबा हुआ

विश्वास करो
उस पर जो बैठे हैं नि:शब्द
पार्क की बेंच पर
सुनते हुए
बच्चों की पुकार
धुँधलाती शाम के धुँधलके में
उसकी निगाहें ख़ाली हैं, आवारगी से
और स्वामित्व से उसका दिल

उस पर यक़ीन करो
जिसने देख ली हैं काफ़ी–
क्रान्तियाँ, वायदे शॉपिंग मॉल की
लाचार रोशनी
अस्पतालों के कमरे
घोषणापत्र, धर्मशास्त्र
लहू में लोहे का स्वाद
प्रेम के बीचों-बीच
पड़ी दरारें

यक़ीन करो उस पर
जिसे अब भाई से डाह नहीं
कि मिला उसे वह अद्‌भुत प्राप्य

माता-पिता के पक्षपात से
नहीं है नाराज़

विश्वास करो उसका
जिसकी दौड़ समाप्त हुई
लेकिन यात्रा अभी शेष है
जो द्रव्य सिंचित खड़ा है
यह जानता हुआ कि वह वृक्ष है
जो फल देगा
सूर्य की गर्मी के उत्सव में

यक़ीन करो उसका
जो पहचानता है तुम्हें
शुभ, प्रचुर, युद्धग्रस्त, जीवित
और जानता है कि
तुम कहाँ से आते हो

भरोसा रखो उस ईश्वर पर
जो फिर से संसार की परिक्रमा को
तैयार है
इस बार किसी भी वजह के
बिना ही
सिवाय इसके कि देख सके
यह दुनिया
तुम्हारी नज़र से

When God is a Traveller

और एक तरह से

Another Way

एक क्षण से दूसरे क्षण के बीच
ख़ुद को डोलाते हुए
एक ऐसा पदबन्ध बुन डालना
कि बची रहे जगह
यादों के लिए
और उस आश्चर्य के लिए भी
जो साँस लेता हो
स्वागत करता हो
अल्पविरामों का

स्वर की हवाई जेबों में
उठता-गिरता,
रुक जाता हो व्यंजन की
सघनता पर

कभी न दौड़ता हो
पूर्ण विरामों की ओर
सन्तुष्ट, कभी-कभी
प्रश्नचिह्नों के साथ भी
भले ही वह, पुस्तक में सबसे पुराना ही क्यों न हो

बने रहना
पन्ने के उस खुले
बारिश भीगे
हाहाकार में
वही प्रश्न पूछते हुए
जो पहले भी पूछा जा चुका
यह जानते हुए भी कि
एक हज़ार पुस्तकालयों के झंझावात
धकेल देंगे उसे
अँधेरे में

ताकि बचे नहीं कोई
पदचिह्न
उस गर्म जलाशय में
न उठे डॉल्बी की आवाज़ की अनुगूँज कोई
प्रार्थना कक्षों से
न कोई शिलालेख
न भगवा पताकाएँ

विश्वास बनाये रखने का
यह भी एक तरीक़ा है!

Where I Live

घर

Home

मुझे ऐसा एक घर दो
जो मेरा न हो
जिसके कमरों में, मैं चुपके से
बिना किसी निशानदेही के
आवाजाही कर सकूँ
कभी चिन्ता न करनी पड़े
नल ठीक कराने या
बिस्तर झाड़ने की
पर्दों के रंग भी तय न करने हों

एक घर
जिसे मैं हल्के से ओढ़ लूँ
जहाँ कमरे घुटे-घुटे न हों
बीते कल के संवादों से
जहाँ की दरारें भरने को
अपने अहं को न फुलाना पड़े

एक घर, जैसे यह देह
जो परायी लगती है जब मैं
उस पर अधिकार जताती हूँ
और मेहमाननवाज़ हो जाती है
जब मैं सिर्फ़ मिलने जाती हूँ।

Where I Live

जब पृथ्वी का एक दृश्य स्त्री बन जाए

When Landscape Becomes Woman

मैं आठ साल की थी जब
चाबी के छेद से झाँक कर देखा
ड्रॉइंग रूम में अपनी माँ को
लाल गुड़हल-सी रेशमी साड़ी में
उनकी उँगलियाँ नाज़ुक थीं
ठण्डे कोला के गिलास के चारों ओर लिपटीं
और मैं अचानक शरमा गयी
क्योंकि मैंने उन्हें
पहले कभी ऐसे नहीं देखा था
बेशक, मैं उन्हें बहुत अच्छे से जानती थी
नीले मलमल की साड़ी का शान्त लहराना
कलाई पर सोने की पतली चूड़ी का कटाव
दाहिनी बाँह पर ऊपर, तिल का हल्का-सा उभार
और उनके पैर का उन्नत गोल घुमाव
मैं उन्हें ख़ुद से भी बेहतर जानती थी
और जानती थी मैं
बहते पानी-सी उनकी आवाज़—
कोला में तैरते बर्फ़ के टुकड़ों जैसी
लेकिन वयस्कों की उस पार्टी में
उस छेद से झाँकते हुए मैंने देखा
वे अब सिर्फ़ भूगोल नहीं थीं

वे जानती थीं
कब अपनी गर्दन घुमानी है,
कब गिलास में अपने
तैरते उस पेय का घूँट भरना है
और वे समझती थीं
गहरी आवाज़ों और चमकदार नाख़ूनों की भाषा
और इमरजेंसी जैसे शब्दों का अर्थ

मैं उन्हें पूरी रात देख सकती थी

और तभी मैंने जाना—
कि चाबी के वे छेद दरवाज़ों से ज़्यादा दुनिया दिखाते हैं
कि दीवार में एक दरार ही काफ़ी है
समानान्तर एक ब्रह्माण्ड से टकराने को
कि माँएँ भी
स्त्रियाँ होती हैं।

Love Without a Story

उषा अकेला

उषा अकेला, प्रमुख भारतीय-अमेरिकी कवयित्री, लेखक और सांस्कृतिक आयोजक हैं। वे 1993 में भारत से अमेरिका चली गयीं थी जहाँ उन्हें प्रवासी भारतीय के रूप में कुछ विशिष्ट अनुभव हुए। उनकी रचनाएँ उसी सत्य का साक्षात्कार हैं। उनकी रचनाओं के शीर्षक ही उस अन्तर्द्वन्द्व को अभिव्यक्त करते हैं जिनमें अमेरिकी श्वेत वर्ग भारतीयों को हेय दृष्टि से देखता है। उषा अपनी कविताओं को नस्लवाद के विरुद्ध संघर्ष का सक्रिय माध्यम बनाती हैं। वे सीधे वार करते हुए न केवल विदेशियों की मानसिकता से जूझती हैं बल्कि भारतीय जीवन दृष्टि को भी प्रतिष्ठित करती चलती हैं। इसके बावजूद, बहुधा उनकी रचनाएँ भारतीय और अमेरिकी संस्कृतियों के बीच पुल बनाने का काम करती हैं। अन्य वैश्विक मुद्दों की भी उनको गहरी समझ है। जीवन के इन अनुभवों ने उनकी कविताओं और लेखन को एक विशिष्ट परिप्रेक्ष्य दिया है। एक तरह से ये रचनाएँ आत्म-साक्षात्कार और आत्म-अभिव्यक्ति की माध्यम भी हैं। जीवन के विविध पहलुओं को संवेदनशीलता और गहराई के साथ प्रस्तुत करती ये कविताएँ सूक्ष्म मानवीय अनुभवों, सांस्कृतिक पहचान, और सामाजिक मुद्दों पर केन्द्रित हैं जिनमें विषय की व्यापकता, गहराई और संवेदनशीलता का ऐसा समंजन है कि उससे पाठक को एक नया दृष्टिकोण मिलता है। ये कविताएँ अपनी विशिष्ट लय और प्रवाह से भी प्रभावित करती हैं।

उषा अकेला ने अपनी रचनाओं और साहित्यिक गतिविधियों के माध्यम से विश्व साहित्य के मंच पर एक महत्त्वपूर्ण स्थान हासिल किया है। उन्होंने न केवल अपने लेखन के माध्यम से योगदान दिया, बल्कि वे लम्बे समय से विभिन्न साहित्यिक

और सांस्कृतिक परियोजनाओं का सम्पादन और आयोजन भी करती रही हैं। 'पोएट्री एट राउंड टॉप' और 'मतवाला' जैसे साहित्यिक आयोजनों की स्थापना उनके सक्रिय साहित्यिक योगदान को दर्शाती है। 'मतवाला' दक्षिण एशियाई कवियों का एक प्रमुख सामूहिक संगठन है, जो विभिन्न साहित्यिक और सांस्कृतिक कार्यक्रमों का आयोजन करता है। इसके माध्यम से वे दक्षिण एशियाई कविता को वैश्विक मंच पर प्रस्तुत करने का प्रयास कर रही हैं।

उषा अकेला के अब तक पाँच कविता-संग्रह प्रकाशित हैं जिनमें नवीनतम है *आई विल नॉट बेयर यू संस* (2021)। उनके अन्य संग्रहों में शामिल हैं–*काली डांसेस, सो डू आई...*(2000), *ए फेस दैट डज़ नॉट बेयर द फुटप्रिंट्स ऑफ़ द वर्ल्ड* (2008), *द रोज़री ऑफ़ लेट्टियूड्स* (2015) और *द वेटिंग* (2019)। उनकी कविताएँ विभिन्न साहित्यिक पत्रिकाओं में भी प्रकाशित हुई हैं। *द रोज़री ऑफ़ लेट्टियूड्स* के लिए उन्हें 'इंडिपेंडेंट पब्लिशर बुक अवार्ड' से सम्मानित किया गया। उनकी अनेक कविताएँ समय-समय पर 'पुशकार्ट पुरस्कार' के लिए भी नामित की गयी हैं।

उन्हें राष्ट्रीय और अन्तरराष्ट्रीय स्तर पर अनेक सम्मान प्राप्त हुए हैं, जिनमें प्रमुख हैं–'पोयट्री सोसाइटी ऑफ़ इंडिया केमेंडेशन प्राइज़', 'नाज़िम हिक़्मत अवार्ड', 'ओपन रोड रिव्यू प्राइज़' और 'ईगन मेमोरियल प्राइज़'।

एक स्त्री कवि का चित्र

Portrait of a Woman Poet

वह सुन्दर थी, रात-सी तरल
कविताएँ उसकी, शाखाओं-सी विकसित
जैसे युद्ध में उठे त्रिशूल
छिपी फुसफुसाहटों भरे
शंखों-सी पेंचदार
बचकानी आवाज़ें हैं
कभी किसी और पर मुग्ध
तो कभी अपने पर
उसकी कविताएँ बह जाती थीं
कभी चुभती कीलों-सी
तो कभी रेशम के परचम-सी
स्त्रीत्व की ध्वजाएँ हों जैसे

मृत्यु के बारे में बहुत सोचती थी
पागलपन से प्रेम करती थी और
उसका अनुसरण भी
लेकिन थी वह समझदार वैसे ही
जैसे आदतवश
रात में ढलता सूर्यास्त

एक बार उसे मछली की तरह झील
से निकाला गया
वह जी उठी उस अमर पक्षी फीनिक्स की तरह
जिसके इर्द-गिर्द ऐसे बहुत हैं जो
हर दिन मरते हैं
एक दिन में सौ-सौ मौतें
कि उसे ज़िन्दा रख सकें।

I Will Not Bear You Sons

बहुत हुआ

Enough

आओ, हम ये कहें

पिंजरे में बन्द हमारे बच्चों को
सूरजमुखी के खेत में वापस ले आओ
खोल दो ये ज़मीनें लोगों के लिए
जैसे खोल देते हैं हम हथेलियाँ
बारिश की एक बूँद पकड़ने को।

नीली निकर पहने
एलान को वापस ले आओ
जो बह गया था मछली की तरह पानी में
या लुप्त हो गया रेत में मानव तस्करी के दौरान
हम फिर से न कहें कि
वह नहीं पहुँच पाया
बच्चों को अपनी ऐसी दर्दनाक कहानियाँ
क्यों सुनानी पड़ें।

लौटा लायें हम सात बरस की गुलसोमा को
पीठ सहलायें उसकी, तेल लगायें उस पर
जिस पर ज़ख़्मों के निशान हैं वैसे ही
जैसे सार्डिन मछलियों के झुण्ड पर

दीखते हैं
हँसी सुनें उसकी वैसे ही जैसे
शादी से पहले वह हँसती थी

मलाला को उसके दिमाग़ में
अब कभी गोली न लगे
कार्ला को न कहना पड़े कि
तैंतालीस हज़ार दो सौ बार
बलात्कार से गुज़री है

लौटा लायें असीफ़ा बानो के
गालों की लाली और
उसकी आवाज़ की चहक
वह नंगे पाँव अपनी बकरियाँ चरा लाये
और मद्धिम आँच में बैठी भूने अपने सिंघाड़े
आठ बरस की उसकी नन्ही टाँगों को
कोई न चीर पाये इतनी नृशंसता से
यह सब
उसकी उम्र के बच्चों के लिए नहीं है

लौटा लायें उन सभी नन्ही शिशु
बच्चियों को
जिन्हें मार डाला गया
जो अभी भी धँसी हैं पत्थर-सी
धरती के सीने में

और पेड़ों पर लटका दें उन सभी को
पुलिस/तस्कर/अपहरणकर्ता
माँ/पिता/बहन/भाई
रहने दें उनको पेड़ों पर सड़ते फलों की तरह

मार डालते हैं, बेच देते हैं, बलत्कृत और
बर्बाद कर देते हैं
गोली मार देते हैं जो
अपने ही अपनों को

और हम लोग, जो जानते हैं बहुत कुछ
अपने फैले हुए सूत्रों से
जिनके पास ऑक्टोपस-सी कई
आँखें हैं
और कितना जानना है हमको
कुछ भी कहने से पहले
आओ, हम ये सब कहें!

I Will Not Bear You Sons

काफ़ी नहीं है

Not Enough

सच तो यह है
मैंने किसी चेहरे की रेखाएँ नहीं पढ़ी हैं
उस ध्यान, धैर्य और आकांक्षा से
जैसे कोई कशीदाकार आँकता है
फूल की रेशा-रेशा रेखाओं को
मैंने तो प्रेम की उदात्तता को उकेरा
नामहीन अमूर्तताओं में–
ईश्वर, मानवता और भी ऐसे कई शब्द जिन्हें दबा दिया गया
माँ के दिल की गुफा बनाकर

मैं हूँ हवा, हवा से प्यार करती हुई
और इस दिल को जो कि
मेरी भीतरी सच्चाइयों का
साझीदार है
उसे कहती हूँ, यह काफ़ी नहीं है।

कवि कैसे लिखते हैं
कैसे खिल आते हैं
स्वर्णिम आभा के फूल रेशम पर
और एक कोयल गाती है
टहनियों के बीच से

हमारी बुझी इन्द्रियों को जगाती हुई
जगा सके वह प्रेम
उस कोमलता को
जो जान पाये ईश्वर-प्रदत्त
उस फल का रहस्य
रति-युग्म की पीड़ा
एक देह का जान पाना
दूसरी देह की अपूर्णता को
उसके ढलान और उभार
पहचान पाये मुख की गुफा में
चलती साँसों की आकांक्षा
जंगली घोड़ों से दौड़ते
बीतते समय के पल
और लाल चेरी के रंग से
रंगीन दिन

ललकना बालों की उस महक के लिए
और यह चाहना कि उँगलियाँ बालों के बीच
संगीत बुन देतीं
चाहना उस सबको–
एक आवाज़ जो अटकी है घण्टी-सी
गले में हड्डियों के बीच

एक उपस्थिति इलायची चाय के स्वाद जैसी

I Will Not Bear You Sons

न लिख सकती/न लिखूँगी मैं, एक श्वेत पुरुष कवि के समान

I Can't/Won't Write like a White Male Poet

प्याज़ के छिलके-सी अपनी कविता को
रोशनी में देखो
कुछ भी नहीं हैं आप
बिना किसी जुलूस के
बजते ढोल के सिवा

किस ध्वजा को उठाये चल रहे?
एक इलाक़ा है जिस पर कब्ज़ा करे बैठे हैं
तुम्हारे महाकाव्य उतने महान भी नहीं
मैकडोनेल्ड की तुरन्ता कविताएँ हैं
उनमें अनाज की आँच नहीं
साइज़ ज़ीरो जंघाओं के
बीच जनमी हैं।

कोशिश करते हो तुम
यथार्थ से रिश्ता बनाये रखने की
लेकिन निकलती हैं वे कविताएँ
जो शौचालय में बैठ की जाने वाली

स्वीकारोक्तियों के अलावा
कुछ भी नहीं

साधारण विवरण हैं
ज्ञान का मुखौटा लगाये
बिना संगीत के घरघराती आवाज़
उतारो अपना मुखौटा!
अपना स्वनिर्मित दुख!

रुकी हुई तुम्हारी कविताएँ
मजबूर साँसों-सी निकलती हैं
नस फटने के तनाव-सी उभरती रेखाएँ भर हैं
खौलती हुई, रक्त रहित
जीवन सत्व से शून्य!

जहाँ से आती हूँ मैं, वहाँ जलना
महसूस होता है
हज़ारों हाथ लिखते हैं
ज़ख़्मों-ख़राशों से भरे
दस हज़ार शताब्दियों-सी लम्बी
जिह्वाओं से बोलते हैं
तुम जब अपने शैशव में फ्रायड को
समझने की कोशिश कर रहे थे
हमने आत्मा की कुण्डलियों के
मानचित्र गढ़ लिए थे।

नहीं मैं इतिहास के पैर नहीं दबाती
इतिहास की ओर देखती हूँ हज़ार फन उठाये
मैं देवों के भव्य स्मारक के साथ रहती हूँ
एकोऽहम् कर देने का साहस है मुझमें

हम महासमुद्रों का मन्थन करते हैं
अमृत पीते हैं
कण्ठ में बचाकर रखते हैं विष
शेरों की सवारी करते हैं
हम नहीं बचे हैं किसी मछली के पेट में सुरक्षित
हम वह जल हैं जो सँभाले रहता है मछली को
हम ख़ून से सनी कुल्हाड़ियाँ लिए
चलते हैं, असुरों को धराशायी
करते हुए
हमने विश्व को उठा रखा है
कच्छप की पीठ पर।
तुम्हारी सीमाओं को लाँघ हम तूफ़ानों
से आते हैं
तुम्हारे ईश्वर से बदल देते हैं
अपने देवता

तुमने दुनिया को अपने घावों से
छलनी कर दिया है
अपने सिद्धान्तों से सबकी कहानियों में
जड़ दिये विराम
मेरी कविता नहीं फिसलती
तुम्हारे पानी के झूलों पर
'मिंट' भरी साँसें लिए
जाओ जाकर किसी श्वेत व्यक्ति की
क़लम ढूँढ़ो
लिंकन की टोपी
जंगल में मेरी ओलिवर से मिलो
या फिर अपने पड़ोस में,
ऑक्टेवियो पॉज़ तथा नेरुदा से
मिल आओ

छोड़ो अपने शहर
देश को आग लगा दो
फ़िलिस्तीनी कवि दरवेश की
तरह विलाप करो
इज़राइल के अमी चाई की तरह
शोक मनाओ
नाज़िम हिक़मत की तरह क़ैद हो जाओ
उस अश्वेत युवा लड़के की तरह
गोली खाओ
अपने शहरों से बाहर निकलो
अटलांटिक महासमुद्र के पार जाओ
फाइनेंस की अपनी डिग्रियाँ जला दो
जला दो थोक में अपनी कविताओं की
मनहूस आवाज़ें
कविता को भीतर आने दो
किसी रेस्तरां में जाकर बिल
आधा-आधा मत करो
मत कहो मुझे कि 'घर जाओ'
अपनी गन्दगी ख़ुद उठाओ
दुनिया में अपना बाज़ार मत फैलाओ
अपने पड़ोसी देशों को जानो
अपने अनुदान का टैक्स मत काटो
कविता का उद्योग बन्द कर दो
चोरी करना छोड़ दो
मत लिखो वे ग़ज़लें जो तुम नहीं लिख सकते
या फिर वे हाइकु जो तुम्हारे बस के बाहर हैं
हर बात में 'ओके' या 'ग्रेट'
कहकर सब कुछ को इतना छोटा मत कर दो।

I Will Not Bear You Sons

के. श्रीलता

के. श्रीलता कवि, कथाकार, अनुवादक और शिक्षाविद् हैं। उनके लिए कविता 'जीवन में व्यक्ति की उपस्थिति और अनुपस्थिति का रोज़नामचा' है। अनुभव और चिन्तन दोनों स्तरों पर वे 'स्पेस' के प्रश्न या जीवन में इसकी कमी की वजहों पर सोचती रही हैं–चाहे वह शारीरिक, मानसिक, पारिवारिक स्पेस हो या फिर लेखकीय स्पेस। श्रीलता कविता को विस्मृति के विरुद्ध एक सतत संघर्ष मानती हैं और पुरुष केन्द्रित कैनन के दौर में स्त्री लेखन को प्रोत्साहित और संरक्षित करने की बात करती हैं। एक स्त्री-बहुल परिवार में संस्कारित और विकसित हुई श्रीलता की कविताओं में यदि स्त्रियों के सुदीर्घ एकान्त जीवन के करुण बिम्ब हैं तो अभावों-संघर्षों की आग में तपकर कुन्दन बन निकली हुई एक तरल सृजनशीलता भी। वे अक्सर एक गहरे व्यक्तिगत संस्पर्श के साथ लिखती हैं, जिससे पाठक का सहज सम्बन्ध स्थापित हो जाता है। भावपूर्ण भाषा में जटिल विचारों का विन्यास उनकी कविताओं को प्रभावशाली, सुगम और मार्मिक बनाता है। ये कविताएँ भाव, भाषा और चिन्तन की मिलनभूमि हैं। एक कवि के रूप में यही उनकी सम्पदा है और अपने पाठकों को उनका दाय भी।

श्रीलता के अब तक छह काव्य-संग्रह प्रकाशित हो चुके हैं–*सी ब्लू चाइल्ड* (2002), *अराइविंग शॉर्टली* (2011), *राइटिंग ऑक्टोपस* (2013), *बुकमार्किंग द ओयासिस* (2015), द *अनमिस्टेकेबल प्रेजेंस ऑफ़ एब्सेंट ह्यूमन्स* (2019)। उनका नवीनतम काव्य-संग्रह *थ्री वीमेन इन ए सिंगल रूम हाउस* 2023 में साहित्य अकादेमी द्वारा प्रकाशित किया गया। इसी शीर्षक की जिस कविता से इस संग्रह

का शीर्षक सुनिश्चित हुआ वह प्रतिष्ठित पत्रिका 'वासाफ़री' (अंक 109) में प्रकाशित हुई थी। उनके पहले उपन्यास *टेबल फॉर फोर* 2009 को 'मैन एशियन साहित्यिक पुरस्कार' के लिए सूचीबद्ध किया गया था। उनकी पुस्तक *दिस काइंड ऑफ़ चाइल्ड : द डिसेबिलिटी स्टोरी* ने विशेष रूप से आलोचकों और साहित्य-प्रेमियों का ध्यान आकर्षित किया। यह विकलांगता के अनुभवों पर आधारित लेखों, साक्षात्कारों और लघुकथाओं का एक संग्रह है। अपने विषय तथा संवेदनशील प्रस्तुति की दृष्टि से इस पुस्तक को भरपूर सराहना मिली। इनके अतिरिक्त महाभारत के स्त्री पात्रों पर आधारित कविताओं का संकलन तथा सुब्रमण्यम भारती की तमिल कविताओं के अंग्रेज़ी अनुवाद भी शीघ्र प्रकाश्य हैं।

साहित्यिक लेखन के साथ-साथ उन्होंने सम्पादन और अनुवाद के क्षेत्र में भी व्यापक योगदान दिया है। *द रेपिड्स ऑफ़ ए ग्रेट रिवर : द पेंगुइन बुक ऑफ़ तमिल पोएट्री* (2009) तथा *आई, सलमा* (2023) की वे सह-अनुवादक हैं। श्रीलता ने चार काव्य संकलनों और ऑक्सफोर्ड यूनिवर्सिटी प्रेस द्वारा प्रकाशित एक लघु उपन्यास का सम्पादन किया तथा सुब्बा श्री कृष्णस्वामी के साथ *शॉर्ट फ़िक्शन फ्रॉम साउथ इंडिया* (2007) नामक पुस्तक की सह-सम्पादक रहीं। श्रीलता आईआईटी मद्रास की पूर्व प्रोफ़ेसर, चेन्नई के साईं विश्वविद्यालय के रचनात्मक लेखन और अनुवाद केन्द्र की संस्थापक तथा वर्तमान में चेन्नई स्थित मैथमेटिकल इंस्टीट्यूट में सहायक प्रोफ़ेसर हैं।

इतनी दूर आकर

Having Come This Far

यह हम सबके लिए है
अनजिए जीवन के दुःख

हमारे पर्स में पड़े कुछ सिक्के
चिल्लड़ बन पड़े रहे
किसी की दी गयी 'लिफ़्ट' ली नहीं हमने

वो नज़र जो उठी मेरी ओर
लौटाई नहीं गयी मुझ से
वह ट्रेन जिसमें थी एक ख़ाली जगह
छूट गयी कुछ सेकेंड पहले
और स्टेशन मास्टर कहता रहा
"बस क्षण भर की देरी से छूट गयी"

बस क्षण भर की देरी से छूट जाती हैं जो चीज़ें
जी नहीं पाते हम जो ज़िन्दगियाँ
और अब कभी नहीं जी पायेंगे

Three Women in a Single Room House

अटक जायेंगे हमारे दिन कँटीले झाड़ में

Our Days Would Catch on the Cruellest Thorns

हमने अपनी उम्मीदें लगा रखी थीं
उन दूर से आने वाले पक्षियों पर
जो सबसे पहले आते हैं।

वे आ गये तो अब सब ठीक है
और ठीक ही होगा
मौसम बदलेंगे जैसे बदलने चाहिए
लड़कियाँ बड़ी होंगी, महिलाएँ हो जायेंगी

हम नहीं जानते थे तब
कि आने वाले पक्षी वापस अपने
घरों को लौट जायेंगे
कि बदलेंगे मौसम जैसे उन्हें बदलना है
लेकिन हमारे दिन, नहीं बदलेंगे
अटक जायेंगे कँटीले झाड़ में।

Three Women in a Single Room House

एक कमरे के घर में तीन औरतें

Three Women in a Single Room House

1

अपनी बालकनी के साथ यह अपार्टमेंट
न बहुत छोटा है, न बहुत बड़ा
इसमें हमारा बेटा आराम से चला सकता है
अपनी तिपहिया साइकिल
इसकी रसोई है खुली, बिना दीवारों के
जिसमें खाना पकाते हुए भी
पूरे घर के हो सकते हैं हम
एजेंट की खचर-पचर, सोच कर मैंने
घर के लिए बेच डाले
अपने हीरे जवाहरात
जो दिये थे मेरी नानी ने मुझे
विरासत में!

कभी वे चमकते थे तावीज़ से
उस छोटे से कमरे के अँधेरे में
जहाँ हम तीनों–नानी, माँ और मैं
लेटी रहती थीं लाड़ से
ज़मीन पर तीन महिलाएँ
जिन्हें छोटे घर की ही आदत थी

2

मेरी माँ बैठी हैं उस इकलौते पलंग पर
जो हमारे घर के एकमात्र कमरे में है
कुछ लिख रही हैं
जब वे पूरा कर लेती हैं
मैं देखती हूँ
चादर पर स्याही का दाग
फैले हुए पंख-सा दिखता है

3

मेरी नानी अपनी सिलाई मशीन पर झुकी हैं
घर के अकेले कमरे के एक कोने में
वे मेरे लिए सिल रही हैं एक ड्रेस
दो साइज़ बड़ी, बहुत बड़ी
कहती हैं, तुम इसमें बड़ी हो सकोगी
और जब बन जाती है
कहती हैं "जाओ, पहन कर देखो।"

4

उस अकेले कमरे के घर में
कहीं से भी आओ
सात क़दमों से दूर नहीं थी
वह खिड़की
उसकी सलाखों के बीच से
आसमान तैरता था
भर देता था हमें–
मेरी नानी, माँ और मुझे
अपने विस्तृत आकाश से
मैं बताना चाहूँगी तुम्हें कि
हम सीख गये अपनाना उस विस्तार को

सच तो यह है
कि हमने तंग जगहों को अपनी आदतों में
शामिल कर लिया था
हम तीनों–
उन अनगढ़ हीरों की तरह
धँसे थे उन खदानों में
जो बहुत गहरे पैठ
रोशनी की चमक
खोज लाते थे!

Three Women in a Single Room House

वृद्ध होती स्त्री के बारे में एक बात

The Thing About Being an Older Woman

यह सब जानते हैं कि
तुम्हें लगता है
तुम पर सब जानने का भारी बोझ है
और फिर वे यादें हैं
कैसे सबने तुम्हें काठ की कुर्सी
समझ लिया था
जिसकी तरफ़ किसी का ध्यान नहीं था
पर सब बैठते रहे उस पर हमेशा
यादें और भी हैं
कैसे तुम हर दिन थोड़ा-थोड़ा डूबती जाती थीं
बचने के लिए सिर्फ़ समुद्री फेन का सहारा था
उस उठते झाग ने ही बचाया तुम्हें
और कैसे किनारे तक पहुँचीं तुम

छोटे-छोटे साँस भरती,
ध्यान रहे, बहुत ही छोटे श्वास
और फिर जो पंक्तियाँ लिखने लगीं तुम
पहले पहल किसी मरती हुई मछली के
हाँफने की आवाज़ें थीं
फिर पता चला तुम्हें
वैसे नहीं लिखी जातीं कविताएँ

जैसे कि धोए जाते हैं कपड़े या
पालने होते हैं बच्चे
पर तुम्हें लिखनी ही होंगी कविताएँ
धीमे-धीमे, ख़ुद से प्रेम करते हुए
मुक्त कर देना होगा ख़ुद को
उससे जिसका किया इन्तज़ार अब तक
जब तक न कर सको ऐसा
सब जान लेना भी बोझ ही रहेगा

रेत जो चिपक गयी है तुम्हारी स्कर्ट के घेरे से
उसका उच्छिष्ट जा बैठा है तुम्हारी आत्मा पर
और कभी उतरेगा नहीं!

Three Women in a Single Room House

गायत्री मजूमदार

पुडुचेरी में सागर तट पर निवास करने वाली गायत्री मजूमदार प्रतिष्ठित लेखिका, कवयित्री और सम्पादक हैं। उनकी पहचान भारत-स्थित ऑनलाइन साहित्यिक पत्रिका 'द ब्राउन क्रिटीक' की संस्थापक, सम्पादक और प्रकाशक के रूप में भी है। गायत्री मजूमदार की कविता अपने गीतात्मक सौन्दर्य, भावनात्मक गहराई और मानवीय अनुभव की सूक्ष्म अन्तर्दृष्टि के लिए प्रख्यात है। ये कविताएँ प्रेम-पहचान, खोने और पाने के मानवीय अनुभव को जीवन्त कल्पना व गतिशील रूपकों की समृद्ध भाषा में अभिव्यक्त करती हैं। वे अक्सर गहन भावनात्मक परिदृश्यों में उतरते हुए, मानवीय भावनाओं के कच्चे और अनफ़िल्टर्ड पहलुओं को पकड़ती हैं। दृश्यों, ध्वनियों, गन्धों के टटके, सघन बिम्ब उनकी कविता को जीवन्त बनाते हैं। प्रत्येक विषय को एक अलग भाषाई कोण से उठाया जाता है जो अपने समग्र प्रभाव में एक अवाँ गर्द रचना का स्वाद देता है। गायत्री की कविताएँ अपनी सधी हुई लय में जितना बाहर की ओर खुलती हैं उतना ही भीतरी गहराइयों में भी धँसती जाती हैं।

गायत्री की सात प्रकाशित पुस्तकों में चार कविता-संग्रह–*शाउट* (2000), *आई नो यू आर हियर* (2019), द *ड्रीम पॉड* (2022), और *ए वॉर्म प्लेस विद नो मेमोरी* (2023) तथा एक उपन्यास *ए सॉन्ग फॉर बेला* (2017) शामिल हैं। इसके अलावा द *लोटस ऑफ़ द हार्ट* (2021) और *ब्राउन क्रिटीक होम* (2021) उनके द्वारा सह-सम्पादित संकलन हैं। उनकी कविताएँ और गद्य प्रमुख भारतीय और अन्तरराष्ट्रीय पत्रिकाओं एवं संकलनों में प्रकाशित हुए हैं। उनकी कविताओं को

2025 में प्रकाशित *वर्ड्स वाल्ट्ज : सिलेक्टेड पोएम्स ऑफ़ ट्वेंटी-वन कंटेम्पररी इंडियन पोएट्स* में भी शामिल किया गया है।

उन्होंने अपने लेखन की शुरुआत पत्रकारिता से की थी, पहले 'प्रेस ट्रस्ट ऑफ़ इंडिया' और फिर मुम्बई में 'द इंडिपेंडेंट' (इंडिया) में कार्यरत रहीं। उनका कार्यक्षेत्र प्रकाशन तथा ग़ैर-सरकारी संगठनों में विविध सक्रिय भूमिकाओं तक विस्तृत है। गायत्री, 'पॉन्डिचेरी पोएट्स' की सह-संस्थापक हैं और उन्होंने वार्षिक पॉन्डिचेरी/ऑरोविले पोएट्री फ़ेस्टिवल का आयोजन किया है। इसके अलावा, उन्होंने पॉन्डिचेरी और भारत के विभिन्न हिस्सों में कई साहित्यिक, संगीत और स्थायी पर्यटन कार्यक्रम आयोजित किये हैं। सितम्बर 2019 में, हिमालय पर्वत श्रृंखला में नैनीताल स्थित तल्ला रामगढ़ में आयोजित सात दिवसीय आवासीय साहित्यिक/संगीत उत्सव 'विंग्स ऑफ़ स्पिरिट' विशेष महत्त्वपूर्ण रहा। उनका यूट्यूब चैनल 'द ब्राउन क्रिटीक_गायत्री मजूमदार' नियमित रूप से कवियों और संगीतकारों को मंच देता है। वहीं, 'ब्राउन क्रिटीक बुक्स' ने हाल के वर्षों में कथेतर गद्य की अनेक पुस्तकें प्रकाशित की हैं। वे श्री अरविन्द सोसाइटी से भी जुड़ी हैं, जहाँ वह विशेष रूप से पुस्तकों, ऑरो पब्लिकेशन्स के अन्तर्गत ई-बुक्स तथा ऑडियो बुक्स के प्रकाशन का कार्यभार सँभालती हैं।

क्रान्तिचेताओं के सम्मान में

Tribute to Revolutionaries

स्पर्धा होती है मुझे तुमसे
ओ मेरी बहनो
आवाज़ नहीं कोई तुम्हारे गले में
लेकिन हर दोपहर भोजन के समय
गोलियाँ चबा जाती हो
और उगलती हो
अपने धैर्य के
वे बारीक़ छर्रे
जो अपनी नोक से
बारूद दबाये हैं।

और मैं सोचते हुए सिर हिलाती हूँ
अपने बीते बरसों पर मरहम लगाती हूँ
पर समझ नहीं पायी
कि दुश्मन कौन है?
मेरे शब्द धोखा दे रहे
मेरी ख़ामोशी पर कस रहे हैं फन्दा
और मैं उगल देती हूँ अपना सब कुछ
एप्पल पाई, आइसक्रीम के
गहराते शून्य में

सखियो, मैं सलाम करती हूँ तुम्हें
तुम्हारे प्रति एक-एक अन्याय को
ग़ुस्से में मुड़कर देख रही हूँ
इन्तज़ार करूँगी
कितना भी वक़्त क्यों न लगे

ओ मेरी बहनो,
तुम्हारे प्रति मेरी श्रद्धा
बचायेगी तुम्हें और तुम्हारे बच्चों को
किसी भी अनिष्ट से
तुम्हारे देवताओं के रक्त से
रंग जाने दो चौक चौराहे
एक दूसरे लाल रंग से

तुम्हारे आह्वान के गुंजार को
धराशायी करने दो वे जेलख़ाने
भरे हैं जो भयभीत लोगों से

मैं कहाँ और कैसे शुरू करूँ
मेरे हँसिया-हथौड़े कहाँ हैं?
मेरे वे औज़ार जिनसे मैं रात भर काम कर पाती

मेरे पास तो अब है
सिर्फ़ उस सिपाही का नम्बर
काम आया जो किसी और के युद्ध में
मैं विरोध में आवाज़ उठाती हूँ
याचिकाओं पर हस्ताक्षर कर
स्लोगन लिखकर
लेकिन कुछ लोगों का कहना है
बमबारी की है तैयारी
हमारे ठिकानों पर

हवाई सर्वेक्षण कर रहे हैं वे
जाँच रहे हैं हमारा हवा-पानी
और परोस रहे हैं हमें किसी महाशक्ति की
वीरता का उच्छिष्ट

ओ मेरी बहनो,
उन तूफ़ानों की पनाह मत लेना
जो उठेंगे बिखरा देने को
तुम्हारे चेहरों पर चिपकी हँसी
जो रोक देंगे
स्त्रियों और पुरुषों के जगने का वक़्त है
वे स्त्रियाँ और पुरुष
जो इन्तज़ार करते हैं, उम्मीद नहीं
दस बाई बारह के ठसाठस भरे कमरे में
नयी दिल्ली रेलवे स्टेशन के पास
पाँच सौ रुपये देकर।

और वे सब
जिन्हें पता ही नहीं कि
शब्द भी ताक़त हैं
(उनमें से कुछ लोग पढ़ना जानते हैं)
वे निकलते हैं हर रोज़
सुबह नौ बजे की मेट्रो
या साइकिल पर सवार होकर
काम पर जाने को!

मेरी सखियो-बहनो
तुम उठ खड़ी होना
उन गुण्डे-बदमाशों के सम्मुख
रोशनी से भर देना

और एक गीत
छीन लेना वापस अपने चौक-चौराहे को
छोड़ देना हमें
जो डूबे बैठे हैं मॉर्फिन के नशे में
पीड़ाओं से बचते, बिल्कुल सुन्न
जो उतार नहीं पाये
अपनी मोटी केंचुल

एक बूँद आँसू न टपके
तुम्हारी आँखों के कोरों से
मैं रुकी हूँ तुम्हारे साथ
तुम्हारी ताक़त उधार ले
इस वायदे के साथ
कि अबकी बार
पीछे नहीं हटूँगी।

चौराहे के बाहर जो ख़ाली जगह है
तुम्हारे आँसुओं से खिलेंगे
लाखों सितारे

ओ मेरी बहनो
अपनी ज़मीन मत छोड़ना
अपना पानी और आग भी नहीं
हम मिलकर खदेड़ देंगे उसे
जो रोक रहे हमारी राहें
हमें कब चाहिए बन्दूक़ें, तीर या पत्थर
उड़ा देने को
उनके काग़ज़ी पहरन
या शीश धरे सुनहले मुकुट!

I Know You are Here

अब मैं वह बूढ़ी औरत हूँ

I Am that Old Woman Now

अब मैं वह बूढ़ी औरत हूँ
जो बतियाती है कभी ऊँचे 'पाम' से
कभी गुलाबों और कँटीले झाड़ों से

धीरे-धीरे चलती हूँ
नसें उभर आयी हैं नीली
लेकिन बिल्लियों को खाना देती हूँ

लड़खड़ा जाती हूँ यहाँ
शायद समय पर
लेकिन घड़ी ने धीमे से घण्टा बजाया

मेरा चेहरा, अब पीला पड़ रहा है
लेकिन कॉफ़ी के ख़ाली मग पर
लिपस्टिक के निशान
किन्हीं बची हुई इच्छाओं के हैं
हवाओं में अभी भी
चिड़िया की है चहचहाहट
और पहचाने संगीत की कोई ताल

मैंने बनाया है यह सारा आधार
कहीं मैं भूल न जाऊँ अपनी पहचान
या फिर सफ़ेद के अलावा बेरंगीनी के वे कई रंग
मैं लौटती हूँ पता लगाने उनका
वे जो लम्बे समय से नहीं हैं इस दुनिया में

मैं, वह औरत हूँ जिसकी कमर झुकी है
निष्प्रभ पड़ गया है सुन्दर चेहरा
व्यस्त हूँ कथाओं के पन्नों में
सारंगी और सन्तूर के आलाप में
छोड़ दो मुझे अब, जाने दो अन्तिम बार
उस अग्नि मार्ग पर जो भस्म कर देगी
अब कहीं और जाने को कुछ बचा भी नहीं

आकाश घिर आया है
नाच रहा समुद्र इस क्षण
सम्भावना की उमंग में
औरत बढ़ रही समुद्र की ओर
सुनती दूर से आती आवाज़ें
मिथक को जी रही फिर से
वही, जो कभी था उसका अपना घर!

The Dream Pod

सोचे हुए के बाद

Afterthoughts

xiii

याद दिलाना मुझे, कौन हूँ मैं
आँखों में देखो
तुम्हारी नज़रों में मैं ख़ुद को
पहचान लूँगी
बन जाऊँगी मैं

कल फिर याद दिलाना मुझे

xv

हम बैठे हैं दोनों
अपने-अपने द्वीप पर
एक-दूसरे की
अकेली, अलग-अलग तस्वीरें खींचते
यहाँ चर्च में घण्टियाँ बज रहीं
जो नहीं हैं एकाकी किसी एक के लिए

xxiv

ये किसके विचार हैं?
कहाँ उत्पन्न हुए?

किसने तराशा उन्हें इस तरह
कब से तुम पाल रहे इन्हें
ब्रह्माण्ड के धीर-गम्भीर मलबे पर और
वेनिला-सी मासूम कहानियों पर!

xxviii

कितना समय लगा तुम्हें
इन जंग भरी दराँतियों को समेटते
कितने घरों ने भीतर आने दिया तुम्हें
इस सब में कितना श्रम लगा?
कितनों ने सत्कार किया

इस सबका ब्यौरा कहाँ है
अब तुम कहते हो
यह सिर्फ़ प्रदर्शनी के लिए था
होने और जीने का विगत
हो चुका तरीक़ा भर

ज़मीन को तो भूल ही जाओ
क्या दराँती उठाये लोगों का है
आसमान का कोई टुकड़ा भी
या उनकी आत्मा का अलिखित इतिहास कोई?

* काव्य-बिम्बों की एक शृंखला में से चयनित।

घड़ी की सुई

Clock Hand

क्या हुआ अगर हम पहले ही मर चुके होते
और कोई भूल जाता
बत्ती जलाना, गैस बुझाना और
घड़ी की सुइयों को ठीक घण्टे पर मिलाना
चीज़ें यूँ ही बर्बाद पड़ी हैं
पेड़ बारिश से धराशायी
किसी धातु के गम्भीर कूड़ा-घर पर
और नीले होंठ कोई बुदबुदाते हैं
आख़्मातोवा के कान में
"क्या तुम बता सकते हो?" क्या हो
यदि चन्द्रमा के अस्त होने पर
धड़धड़ाता स्पिनोसॉरस (डायनासॉरस नहीं) उठ जागे–
फिर से सामान्य हो उठे
हम रास्तों पर इंच-इंच आगे बढ़ते रहें
सब कुछ ठीक हो जायेगा
हम बढ़ते हैं उन रास्तों पर
पीछे की ओर–
सब ग़ायब हो जाता है जैसे
एक जादूगर के साधारण करतब में
घड़ीसाज़ कुछ उलझा हुआ-सा
साफ़ करता है अपना चेहरा

अपनी बासी पड़ी यादों को
फिर से व्यवस्थित करने की कोशिश में

रेशम की कताई चल रही
यादें नाचती हैं सपनों के पार
नींद और जंग लगे हथियारों के बीच
लाल निशानों से भरे पंख खुल रहे
दीवार पर इकट्ठा होते जाते
मुक्ति की उम्मीद में, क्या हो–
क्या हो यदि हम सब मर चुके होते
और मोटर-कार की टूटी बत्तियाँ
दिखातीं हमें क्या है आगे

अभी बाक़ी है खुलना
वह पन्ना!

The Dream Pod

तिशानी दोषी

बहुमुखी प्रतिभा की धनी, तिशानी दोषी युवा कवयित्री हैं। कवि, लेखक और पत्रकार के रूप में शब्द की साधना के साथ-साथ वे सुर, लय और ताल की भी साधिका हैं। उनकी रचनाएँ न केवल भारतीय संस्कृति और समाज के विभिन्न पहलुओं को उजागर करती हैं, बल्कि वैश्विक मुद्दों पर भी उन्होंने गहनता से विचार किया है। उनकी कविताएँ, उपन्यास और नृत्य प्रदर्शनियों में जो गहराई और संवेदनशीलता है, वह पाठकों और दर्शकों दोनों को प्रभावित करती है। उनका जन्म 1975 में मद्रास में हुआ। अपनी स्नातकोत्तर उपाधि उन्होंने अमेरिका की जॉन हॉपकिंस यूनिवर्सिटी से प्राप्त की। कुछ समय लन्दन में विज्ञापन की दुनिया में काम करने के बाद 2001 में वे भारत लौट आयीं और आधुनिक नृत्य शैली की प्रसिद्ध नृत्यांगना चन्द्रलेखा जी के साथ नृत्य की दुनिया में शामिल हो गयीं। नृत्य की लय और स्थिरता ने उनके लेखन को एक अतिरिक्त आयाम दिया। बहुसांस्कृतिक पृष्ठभूमि से निष्पन्न, उनकी सशक्त और विचारोत्तेजक कविताएँ जेंडर, आइडेंटिटी, विस्थापन और प्राकृतिक दुनिया के विविध संसार को प्रस्तुत करती हैं।

उनकी प्रमुख कृतियों में कविता-संग्रह, उपन्यास और निबन्ध शामिल हैं। उनके प्रमुख काव्य-संग्रह हैं–*कंट्रीस ऑफ़ द बॉडी* (2006), *गर्ल्स आर कमिंग आउट ऑफ़ द वुड्स* (2013), *एवरीथिंग बिगन्स एल्सवेयर* (2018) तथा *ए गॉड एट द डोट* (2021)। उनका पहला उपन्यास द *प्लेज़र सीकर्स* (2010) उनके माता-पिता की प्रेम कहानी पर आधारित है। इसे 'डेसमंड इलियट प्राइज़' और 'वेलेस्को प्राइज़' के लिए सूचीबद्ध किया गया था। इसके अतिरिक्त 2019 में आये उनके दूसरे

उपन्यास *स्मॉल डेज़ एंड नाइट्स* ने भी विशेष ख्याति अर्जित की। उनकी रचनाएँ स्त्री, स्त्री-देह, हिंसा और प्रतिरोध के विमर्श पर आधारित हैं। गहरी संवेदनशीलता और सांस्कृतिक जटिलताओं के समावेश से उपजी उनकी लेखन शैली प्रकृति, प्रेम और मृत्यु के विषयों को प्रमुखता से शब्दबद्ध करती है। उनकी कविता *गर्ल्स आर कमिंग आउट ऑफ़ द वुड्स* महिलाओं के अधिकारों और हिंसा के ख़िलाफ़ सशक्त वक्तव्य है।

तिशानी दोषी को उनके साहित्यिक और सांस्कृतिक योगदान के लिए कई पुरस्कार और सम्मान प्राप्त हुए हैं। 2006 में उनके पहले कविता संग्रह के लिए 'फॉरवर्ड पोएट्री पुरस्कार' के अलावा उन्हें 'एरिक ग्रेगरी पुरस्कार' और 'अखिल भारतीय कविता पुरस्कार' से सम्मानित किया गया। अन्तरराष्ट्रीय साहित्यिक मंचों पर भी उन्हें व्यापक सराहना मिली है। उनकी रचनाएँ अनेक भाषाओं में अनूदित हुईं हैं। एक स्वतन्त्र पत्रकार के रूप में उन्होंने 'द् गार्जियन', 'नेशनल' और 'हिन्दू' जैसी पत्र-पत्रिकाओं में काम किया है। वे न्यू इंडियन प्रेस के लिए एक नियमित कॉलम लिखती हैं।

इन दिनों वे न्यूयॉर्क यूनिवर्सिटी के आबू धाबी कैम्पस में साहित्य तथा रचनात्मक लेखन की विज़िटिंग एसोसिएट प्रोफ़ेसर हैं।

लड़कियाँ जंगल से बाहर आ रही हैं

Girls are Coming Out of the Woods

लड़कियाँ जंगल से बाहर आ रही हैं
चोगों और टोपों में लिपटी
लोहे की छड़ें और मोमबत्तियाँ उठायें
और लिए हुए असंख्य घाव
जो इकट्ठे किये उन्होंने
समय से पहले उगी घास के फैले मैदानों पर
शहर की बसों पर, मन्दिरों, और बार में

लड़कियाँ जंगल से बाहर आ रही हैं
अपने होंठों पर 'जाँधिया' कसे
कुछ ऐसी आवाज़ करती हुईं,
नामुमकिन था जिसे सुनना।
क्या दुनिया भी बोल रही है?
क्या सच में पूछना होगा,
किसी को सम्मान से विश्राम देने का क्या अर्थ है?

लड़कियाँ जंगलों से बाहर आ रही हैं
उठाये ऊपर अपनी टूटी टाँगें, खुली हुई जाँघों से रिसते गोपनीय रहस्य
वे सारे झूठ जो धीरे से फुसफुसाये गये
अजनबियों द्वारा–
तैराकी प्रशिक्षक और अंकल,

ख़ासतौर पर उन अंकलों द्वारा
जिन्होंने कहा खुलना आसान होगा, एकदम हल्के से
उन्होंने गाड़ दीं गोलियाँ उनकी छातियों में
और झोंक दिये उनके सुन्दर मुखड़े जलती हुई आग में
जिन्होंने खींचकर मिट्टी
उनकी पसलियों से
उन्हें साफ़ कर सजाये उनके ताबूत जंगली गुलाबों से
लड़कियाँ आ रही हैं जंगल से बाहर
साफ़ करतीं अपनी ज़मीन, अपनी कहानियाँ बिछाने
वे लड़कियाँ भी जो नंगी पायी गयीं नालों और कुओं में
जो भुला दी गयीं उपेक्षित दुछत्तियों पर और दफ़ना दी गयीं
किसी और शताब्दी की तलछट-सी, नदी की गहराइयों में
वे सरक आयी हैं बाहर
बचपन के पर्दों के पीछे से
अपनी चाँदी की गुलाबी देह के वज़न से
पानी को धकेलतीं, उदासी हटातीं
यादों के दागों को अपने पंखों से चीरतीं
लड़कियाँ आ रही हैं जंगलों से बाहर
जैसे आते हैं पक्षी खिड़कियों पर सुबह गाते-ठकठकाते
जब तक कि तुम्हें सुनाई न दे
काँच से टकराना उनके छोटे से दिल का
उस आवाज़ का उजला-सा दुस्साहस
भिड़ना और मिटना
लड़कियाँ आ रही हैं जंगलों से बाहर
वे आ रही हैं, वे आ रही हैं।

Girls are Coming Out of the Woods

वह औरत

That Woman

वह औरत फिर यहाँ आन पहुँची है
उसने ढूँढ़ लिया है रास्ता
सीढ़ियों के नीचे से
सदियों से करती रही विलाप
रुदन-गीत गाती
खोये पुरुषों, बीते सौन्दर्य और अपमान
के बारे में

अब लौट आयी है वह दुनिया में
ट्रैफ़िक-बत्तियों पर रुकती
पेड़ों के साये में
पार्लर की तरफ़ दौड़ती
छिपाने, अपने चेहरे पर उभर आयी दरारें।

'उस औरत जैसी मत होना'
मेरी माँ ने कहा।
इससे मतलब था उनका
वह औरत मत होना
जो ब्याह नहीं करती
या नहीं जनती बच्चे
वह औरत जो फैला देती है टाँगें

जो पिटती है, नहीं सँभाल पाती
अपना दुख या अपना ड्रिंक
वह औरत मत बनना।

लेकिन वह औरत और मैं
सालों से
साथ चलते आये हैं
जैसे पक्षियों का जोड़ा
मचलता हो पानी की सतह पर
हर दम, हल्के से
उस पागलपन के खुल जाने के क़रीब

हमारी देह के स्याह तल
अलग नहीं थे
हमारी परछाइयों से।

Everything Begins Elsewhere

मैंने पाया एक गाँव और उसमें थीं हमारी सभी गुमशुदा औरतें

I Found a Village and in it were All Our Missing Women

(अमरीकी कवि, उपन्यासकार व लेखक मार्गरिट मैसकरेनहास के लिए)

मैंने पाया एक गाँव और उसमें थीं हमारी सभी गुमशुदा औरतें
बन्दूकें ताने पक्षियों के सिर

सुना था उन्होंने, शुरू हो गया है मतदान
चल रहा है जो बरसों से उनके बिना ही

जानती थीं वे गैस सिलेंडर और बाइसिकल की रिश्वत के बारे में
जो दी जाती रही
उनकी बहनों, दादी-नानी, सभी को

मतदान के बदले धान की बोरियाँ समेटते
नाराज़ी या नाख़ुशी नहीं दिखाई उन्होंने

छोड़ दिया अपना सारा सोना
मंगोलिया के युद्ध की राजकुमारी के उत्तराधिकारियों के लिए
जिसके डीएनए का कुछ अंश था उनके भीतर भी

मैंने पाया एक गाँव, एक गणतन्त्र
छोटे से द्वीप-देश के बराबर था जिसका इतिहास
अपने ही नरसंहार का
वहीं थीं हमारी सारी गुमशुदा औरतें

रजिस्ट्रार के दफ़्तरों तक भेज रही थीं
अपने होने के प्रमाण
जन्म और पूरी तरह मृत न होने के प्रमाण-पत्र

इसके प्रत्युत्तर में मिला उन्हें
डिब्बे में मकड़जाल और पाँचा,
जो छानता रहा गन्ने के खेत
अकस्मात निकाल कर फेंक दिये गये
खोये हुए गर्भाशयों के लिए

अधिष्ठा बना मकड़जाल का डिब्बा
अजीब-सी उलझन जताता रहा

जैसे रेल पर उलटे बैठे ज़िन्दगी की गाड़ी बढ़ती जाये तुमसे दूर
जबकि तुम करते रहे कामना उससे आगे बढ़ने की

भाग्यवादी नहीं थीं वे
कहने को था
भविष्य की थकान
और मिट जाने के संकट का सिलसिला भर

माई-ताई के कई घूँट भर कर
मैंने पाया एक गाँव पावन वृक्ष वाला

अपने शरणार्थियों से मुक्त
जिसकी टहनियों में लटकी थीं

हमारी गुमशुदा औरतें

अपने ही पार-पत्रों की रंगीन फ़ोटो जैसी

अब सुनो
औरतें नहीं हैं पक्षी या चूज़े या पंखों वाली कुछ और
औरतें जानती हैं हवा की आवाज़

कैसे रगड़ती हैं तुम्हारी त्वचा से अपनी गदराई जाँघें
घर की आवाज़ खिंची जाती पानी के निकास में

गड्ढा, गुफ़ा, चोर-बालू, भूकम्प
सामूहिक रूप से ग़ायब हो जाने के कई तरीक़े

जैसे कि बन्दूक़ चूक जाये अपना निशाना
जैसे कि दो करोड़ दस लाख औरतें बस यूँ ही
हो जायें ग़ायब।

A God at the Door

प्यार की कविता

Love Poem

अन्ततः हम खो देंगे एक-दूसरे को
किसी बात के लिए
मैं चाहूँगी बात कोई बड़ी हो
मृत्यु या आपदा

लेकिन हो सकता है ऐसा बिल्कुल न हो
हो सकता है तुम यूँ ही चले जाओ इक सुबह
बहुत प्यार करने के बाद
कुछ सिगरेट ख़रीदने और फिर कभी न लौटो।
या फिर मैं ही किसी और के प्यार में पड़ जाऊँ।
यह भी हो सकता है कि
धीरे-धीरे होने लगें एक-दूसरे से उदासीन हम
जैसे भी हो
ऐसा होने की सम्भावना का बोझ–

इसे सहना
सीखना होगा हमें
खो देंगे हम एक-दूसरे को
किसी बात के लिए।
तो क्यों न अभी से शुरू करें
जबकि तुम्हारा माथा

ठहरा है गोल चाँद-सा मेरी गोद में
समन्दर किनारे के बालू तट की आवाज़ें
बेमानी कर रहीं सब कुछ
कुत्ते बिला रहे हैं

दक्षिण भारत की इस रात में
क्यों न पहुँचें हम उस सीवन तक
और उधेड़ दें उसे थोड़ा
ताकि शुरू हो सके उसका खुलना

बाद में कभी राह चलते सामना हो जाने पर
नज़रें चुरानी होंगी हमें
जब बन्द कर चुके होंगे हम अपनी नज़दीकियों के
अनादृत टुकड़े बेडरूम के किन्हीं दराज़ों में

हमारी देह की ख़ुशबू बीत रही होगी
जैसे बीत जाती है ख़ुशबू मुरझाये फूलों की
क्या कहकर पुकारेंगे उसे
वह प्यार तो नहीं रहेगा?

Everything Begins Elsewhere

नबीना दास

कविताई परिवेश में पली-बढ़ी नबीना दास, अपनी कविता की भावनात्मक तीव्रता व गहराई के लिए जानी जाती हैं। असम की यह क़लमकार सामाजिक मुद्दों, मानवाधिकारों और संवेदनशील विषयों पर गहराई से क़लम चलाती हैं। वह अत्यन्त संवेदनशीलता के साथ सामाजिक अन्तर्विरोधों को बेनकाब करती हैं। उनकी रचनाओं से वर्तमान भारतीय समाज की वास्तविकता उजागर होती है। नबीना दास का पहला काव्य-संग्रह *ब्लू वेसल,* ज़ापोरोग, डेनमार्क से प्रकाशित हुआ जिसे 2012 की सर्वश्रेष्ठ काव्य पुस्तकों में नामित किया गया। इस संग्रह में उन्होंने प्रकृति, जीवन, प्रेम और संघर्ष के विभिन्न पहलुओं को छुआ है। उनकी कविताओं की भाषा सरल भावनाओं से परिपूर्ण है। 2016 में प्रकाशित *इंटू द माइग्रेंट सिटी* उनका दूसरा कविता-संग्रह है जो विशेष रूप से शहरीकरण, विस्थापन और प्रवास के मुद्दों पर केन्द्रित है। यह संग्रह साहित्यिक समीक्षकों और पाठकों द्वारा ख़ूब सराहा गया। 2017 में प्रकाशित उनका तीसरा काव्य-संग्रह *संस्कारनामा* व्यंग्यात्मक और चिन्तनशील कविताओं के माध्यम से समकालीन भारत में सामाजिक-राजनीतिक मुद्दों को सम्बोधित करता है। 2022 में प्रकाशित *एनिमा एंड द नैरेटिव लिमिट्स* उनका नवीनतम काव्य-संग्रह है। एक स्त्री दृष्टिकोण से रची गयी इस संग्रह की कविताएँ कहती हैं कि 'शब्द' सच्ची पहचान पाने और समाज तक पहुँचने का एकमात्र तरीक़ा है। उनकी अनेक कविताओं में एक मज़बूत कथात्मक गुणवत्ता है। कविताओं के भीतर सम्मोहक कथाएँ गढ़ने की उनकी क्षमता उनके प्रभाव-क्षेत्र को विस्तृत करती है। अपनी विशिष्ट शैली के माध्यम से नबीना दास अपने

पाठकों को अपने साहित्य में अभिव्यक्त गहरे विचारों और संवेदनाओं के समृद्ध संसार से जोड़ती चलती हैं। 2010 में प्रकाशित उनका एकमात्र उपन्यास *फुटप्रिंट्स इन द बाजरा* बिहार के माओवादी संघर्ष को रेखांकित करता है। 2014 में उनका एक लघु कथा-संग्रह *द हाउस ऑफ़ ट्वाइनिंग रोज़ेज़ : स्टोरीज़ ऑफ़ द मैप्ड एंड द अनमैप्ड* प्रकाशित हुआ जो व्यक्तिगत और राजनीतिक कथाओं को एक साथ बुनते हुए मानव सम्बन्धों और सामाजिक मानदण्डों की जटिलताओं को दर्शाता है। नबीना दास ने समीन अली के साथ *40 अंडर 40 : एन एंथोलोजी ऑफ़ पोस्ट ग्लोबलाइज़ेशन पोएट्री* का सम्पादन भी किया है।

भारत, यूके और यूएसए के विभिन्न विश्वविद्यालयों में उन्हें कविता और साहित्य से जुड़े विषयों पर व्याख्यान के लिए आमन्त्रित किया गया तथा युवा कवियों के प्रशिक्षण के लिए आयोजित रचनात्मक लेखन कार्यशालाओं में वे रिसोर्स पर्सन की भूमिका में रही हैं। वे कहती हैं, "मैं इसलिए लिखती हूँ क्योंकि मुझे लगता है कि शब्दों और उनके द्वारा उत्पन्न अनुभवों पर जीना एक अतिरिक्त पोषण है जो खाने, सोने और जीने के अलावा भी मिल सकता है।"

मिटाना

Erasure

पेन्सिल का लिखा मिटाने वाला
एक रबड़ लो
फिर देखो, ठीक करने के नाम पर
होने वाली ग़लतियाँ
बिना समझे-बूझे
अन्धाधुन्ध मिटाना

एक सफ़ेद पन्ना लो
फिर धीरे-धीरे
सभी काले अक्षर
उड़ा दो
कुछ फिर भी लटके रहेंगे
अपने तिरछे तन्तुओं से
उस सफ़ेदी पर

थोड़ा हरा, थोड़ा फटा भी
मैं किताबों की बात कर रही हूँ
और इतिहास की
हमारे दिमाग़ भरे हुए थे
सदियों की उन कथाओं से

मैं बात कर रही हूँ
बच्चों के उन चेहरों की
जो भूल गये हैं
न्याय के हमारे गीत

सबसे गहरी स्याही लो
और दिनों पर दाग़ धर दो
फिर चुटकी भर लो हमारा वजूद
और देखो, मिटा देना
कितना सहज हो जाता है

एकदम सामान्य!

प्यार और फ़रेब

Love and Ruse

अगर प्यार गुलाब न होता
तो क्या होता
वह उठता, तुम्हारी धड़कती चुप्पी से।
हमारे भीतर का सत्व, बदल जाता
मीठी उन बूँदों में
जड़ दी थीं तुमने जो, उन चुम्बनों के साथ
ठहर कर अब जम गयी हैं।

लेकिन ये चुम्बन सड़कों पर पड़े तारकोल से
गर्मी बढ़ने के इन्तज़ार में
हर पल पिघलने को तैयार
अपने ही मधु में
दुबके और चिपके हुए जैसे
प्यार और कामना में रुँधे हुए फूलों के गुच्छे
मेरे दिल पर लिखे अलिफ़ की तरह
(दिल नहीं, स्तनों के बीच पड़े अलिफ़ के निशान)
दफ़न हुए अकेले टेलीविज़न-स्क्रीन पर उभरते धारावाहिकों में
जब चल दिये कबूतर भी
सोने, उन कमरों के ऊपर
जहाँ कभी हमारी कामनाएँ, बदल जाती थीं फ़िल्मों की स्क्रीन में

ऐसे में अगर प्यार एक छलावा है, तो क्या–
एक हल्का-सा फ़ासला था हमारे स्पर्श के बीच
दूर होती तुम्हारी हँसी
और मैं सोचने लगती हूँ
कैसे पकड़ते थे तुम अपनी क़लम
याद करने की कोशिश कर रही हूँ
कमीज़ का वह बटन जो तिरछा हो गया था
मेरे खींचने से!

और भी बहुत कुछ याद आ रहा है
जो बसा है मेरी वासना में
पूरे के पूरे तुम
लुभाते, आकर्षित करते हुए!

Café Dissensus

न युद्ध, न आँसू

No War, No Cry

हाँ, हम स्त्रियाँ
हाँ, रोती हैं हम
क्या हम इसलिए रोती हैं कि
हार मान ली है हमने?
हम हार मान लेती हैं क्योंकि
कोई और इख़्तियार
ले रहा है
इख़्तियार लेने का अर्थ यह भी है कि
हाथ बाँध दिये हैं उन्होंने एक स्त्री के
बाँध देना हिंसा ही तो है
बाँधना पीड़ा देता है
हाथ उसी तरह दुखते हैं जैसे कि हृदय
हृदय क्या है
बहुत-सी मांसपेशियों का गुच्छा
उन्हीं मांसपेशियों से बने हैं हाथ
जो रँगते भी हैं और लिखते भी
हम लिखते हैं शोकगीत और गीत
क्योंकि स्त्रियाँ गायेंगी
शोकगीत मृतकों के लिए
चाहे वे योद्धा हों
या वेश्याएँ

वेश्या, यही नाम दिया जाता है हमें
जब हम बोलती हैं
वे कहते हैं तुम्हारे बोलने की क़ीमत
चुकानी पड़ती है
राष्ट्रों को, योद्धाओं को
वे कहते हैं
देश उन औरतों से नहीं बनता
जो रोती हैं
देश बनता है उन वीर पुरुषों से
जो युद्ध का बिगुल बजाते हैं
पुरुष कब रोने वाले हैं
स्त्रियों और उनके गीतों पर
लेकिन पुरुष रो रहे हैं उन पर
जो ज़िन्दा नहीं रहे
उनको लगता है
यह कितना भयानक है

भयानक तो है जब
सैनिक बिछा देते हैं
क़ब्रें एक क़तार से
जब तक क़ब्र है, तब तक हम गाते हैं
हर उस जीवन के लिए
जैसे वह हमारा हो

जीवन है जब
हमने रोना छोड़ दिया
और उठ खड़े हुए
एक-दूसरे का हाथ पकड़े
वही हाथ जो प्रेम-पत्र लिखते हैं
हाथ जो चटका देते हैं बेड़ियाँ

तोड़ डालते रस्सियाँ
उड़ जाने को

प्रेम उमड़ता है जब हम सब
उठाते हैं अपनी आवाज़
और फिर सुनते हैं हम
पड़ोस में कोई बजा रहा है गीत
'नो वुमन, नो क्राई'!

https://scroll.in/article/915964/imagine-a-world-where-tanks-can-be-libraries-as-john-lennon-might-have-two-poems-by-nabina-das

अनिमा लिखती है एक ख़त अपने घर

Anima Writes a Letter Home

प्रिय अम्मा और बाबा, मेरे घर के बुज़ुर्ग और जवान लोगो, प्यारे चीकू-मीकुओ, पौधो-घासो, पैरों की आहटो,

लिख रही हूँ मैं तुम्हें समय के दाग़ों से भीगी लिपि में। मैं लिख रही हूँ, स्त्री-कवि की उस भाषा को, जिसको दोहराते रहे हैं कई लोग उसका अनुगमन करते। मैं उद्धृत करती हूँ वे छन्द जो हैं–गीत, विलाप, प्रशंसाएँ, और कभी चेतावनियाँ। विलाप अपने ही बारे में हैं, अपनी त्वचा, अपनी जीभ, जो न हो पाये अपने ही बनाये, ऊँचे किसी स्वर्ग के। गाने, टेलीविज़न स्क्रीन के बारे में हैं और अख़बारों से उठते शोर के बारे में भी। और उन लोगों के बारे में भी जो मेगाफ़ोन हाथ में लिए घूम-घूमकर लोगों की खिड़कियाँ बन्द करवा रहे हैं। प्रशंसाएँ उनकी, जिनके कपड़े हैं बेदाग़, हथियार छिपे हुए, जूते हिरन की खाल के और चेहरे प्लास्टिक के। चेतावनियाँ बोलने का साहस करनेवालों के लिए। यह कहने का साहस करने के बारे में हैं कि मैं दो भाषाएँ हूँ, एक नहीं; मैं तीन चेहरे हूँ, एक नहीं; मैं शरीर के अमृत का चौथाई घड़ा हूँ, पूरा नहीं। मेरे शहर, क़स्बे, गलियों और अदृश्य स्थानों के प्रिय लोगो, मुझे बताओ, मैं तुम तक कैसे लौटूँ? यह रुके हुए चाँद की आधी रात है। लेकिन दरवाज़े बन्द हैं। बिना सबूत आने की मनाही है। कौन बताये इन्हें कि मैं यहीं रहती थी कभी। आज पहरेदार आवाज़ें, मेरे भटकते पैरों की उँगलियों का मज़ाक़ उड़ा रही हैं, और नैतिकता के प्रहरी बन बैठे लोग अपने नये उग आये पंजों पर गर्व कर रहे हैं।

मैं, अनिमा, आधी रात के अँधेरे में हतप्रभ खड़ी हूँ। यह क्या है, ऐसा क्यों है कि कुछ लोगों के पास घर ही नहीं रहे? हालाँकि यह चाँद रात है, चाँद की रात? और एक बच्चे की आँसुओं भरी फुसफुसाहट सुनाई दे रही : कल मुझे ईद पर ले जाना माँ, मुझे ईद पर ले चलो। मैं, अनिमा, आपसे अनुरोध करती हूँ कि इसका उत्तर जानने को मेरा इन्तज़ार करें तब तक जब तक कि मैं घास के एक टिड्डे को घर ले आऊँ!

Anima and the Narrative Limits

प्रिया सरुक्कई छाब्रिया

प्रिया सरुक्कई छाब्रिया की कविता का एक निजी स्वर है। जीवन जगत की उधेड़-बुन वाली स्थितियों के बीच उनकी कविता उदात्त के उस अनुभव को छूती है जहाँ कविता प्रार्थना बन जाती है। वे मानती हैं कि कविता मन के मौन से उपजती है। इस देह की पृथ्वी में जहाँ अनेक अनदेखी दरारें हैं उनके बीच से निकलती ज्योति को शब्दों में पकड़ पाना और तराशी हुई भाषा से उदात्त के अनुभव को प्राप्त करना कविता रचने का क्षण है। यह प्रक्रिया तार्किक भी है और सहज बोध पर आधारित भी। वे स्वयं को स्व-प्रशिक्षित कवि, अनुवादक और लेखक मानती हैं, जिनका दख़ल फ़िल्म, चित्रकला और नृत्य की दुनिया में भी रहा है। वे इन सभी कलाओं में एक आन्तरिक अन्त:सूत्रता देखती हैं। इसलिए उनकी कविता की न कोई सीमा है और न दायरे लेकिन हाँ, तमिल-संगम काव्यशास्त्र ने उनके लेखन, उनकी दुनिया और उनकी भावनाओं के भूगोल को अवश्य ही प्रभावित किया है। सम्भवत: उसी से उनकी कविताओं में प्रकृति से जुड़ी गहरी अन्तरंगता ने जन्म लिया, जिसकी बारीकियाँ वैसी ही हैं जैसी मिनिएचर पेंटिंग! पिछले कुछ समय से भक्ति कविता ने उन्हें एक नयी दृष्टि दी है। प्रिया मानती हैं कि कविता की पारदर्शिता तथा उसका आध्यात्मिक पक्ष हमसे उम्मीद करता है कि हम उसे सबसे साझा करें। जैसे सन्त तुकाराम गाया करते थे, 'शब्द ही मेरी वह सम्पदा है जिसे मैं लोगों के बीच बाँटता हूँ'–इसी सूत्र को प्रिया अपनी साहित्य यात्रा का ध्येय भी मानती हैं।

हमारी सांस्कृतिक धरोहर में रची-बसी बहुलता को पहचान कर, उस विरासत के प्रति कृतज्ञता अनुभव करते हुए कविता रचने की कोशिश, उनके रचनात्मक

जीवन का उद्देश्य है। इसी प्रक्रिया में उन्होंने कालिदास, आण्डाल, रवीन्द्रनाथ ठाकुर की कविताओं की प्रेरणा से उन्हें नये रूप में सृजित किया है। प्रिया की कुछ प्रमुख काव्य पुस्तकों में हैं–*अर्थराइज़* (2025), *सिंग ऑफ़ लाइफ़–रिविज़निंग टैगोर्स गीतांजलि* (2021), *कॉलिंग ओवर वाटर* (2019), *नॉट स्प्रिंगटाइम येट* (2008) और *डायलॉग्स एंड अदर पोयम्स* (2005)। *क्लोन* (2018), *जेनरेशन 14* (2008), *द अदर गार्डन* (1995) उनके उपन्यास हैं तथा *बॉम्बे/मुम्बई-इमर्ज़न्स* (2013) कथेतर गद्य है। इसके अलावा उन्होंने *फ़फ्निर्स हार्ट : वर्ल्ड पोएट्री इन ट्रांसलेशन* (2018) और *50 पोयम्स 50 पोएट्स* (2004) तथा *द ड्रैगन्स हार्ट* (2025)–का सम्पादन भी किया है। 2017 में उन्हें *आण्डाल : द ऑटोबायोग्राफ़ी ऑफ़ ए गॉडेस* के लिए 'द म्यूज़ ट्रांसलेशन अवार्ड' मिला, जिसका अनुवाद उन्होंने रवि शंकर के साथ शास्त्रीय तमिल से अंग्रेज़ी में किया। लघु कहानी *स्लो-स्लो* के लिए भी उन्हें 'बेस्ट एशियन एक्सपेरिमेंटल फ़िक्शन पुरस्कार' से सम्मानित किया गया। स्पेकुलेटिव फ़िक्शन कैटेगरी के अन्तर्गत उनके उपन्यास 'क्लोन' को 2018 में फेमिनिस्ट प्रेस द्वारा बेस्ट रीड्स के रूप में चुना गया।

वे 'पोएट्री एट संगम' (Poetry at Sangam) संस्था व पत्रिका की प्रतिष्ठापक-सम्पादक हैं।

समय का समाहार : कालिदास से संवाद

The Gathering of Time : Dialogues with Kalidasa

कालिदास की महान रचना 'ऋतुसंहार' में कवि ने एक विराट संहार का आवाहन किया है जिसमें 'समय' के अन्तिम चरम पर समस्त सृष्टि शिव में ही लय हो जाती है, जिनसे वह उपजी थी। प्रस्तुत कविताएँ सी. आर. देवधर द्वारा कालिदास के 'ऋतुसंहार' के अंग्रेज़ी अनुवाद के प्रभाव से उपजी हैं। 'ऋतुसंहार' जीवन में सम्भोग और प्रेम का आनन्दोत्सव है।

3. वर्षा (Varsha)

इस ऋतु की बरसाती अँगुलियाँ वनों में पत्तियाँ व पल्लव रखती हैं। धीरे-धीरे फैलते बादल एकाकी स्त्रियों के हृदय को व्यथित करते हैं।

—कालिदास

एक बार
कहीं कोई क्षितिज न था।
जब तुम आये
मेरे भीतर
वर्षा के गर्भ में
धरती और आकाश मिले!

अब हूँ मैं अकेली,
दृष्टि स्वच्छ
देह समृद्ध
भीगी बौछारों की
स्मृति से तृप्त!

4. शरद Sharad

प्रात: पवन स्वच्छन्द हंसों से युक्त झील की सुन्दर सतह को तरंगित करती है।...
विरही हृदय को अकस्मात् लालसा से आपूरित कर देती है।

—कालिदास

जो तुम कहते हो
सब सच
शरद घिर आया है
पत्ते करवट लेकर
झड़ रहे
हवा में है कुछ ठण्डक।

लेकिन आसमान बिल्कुल साफ़
बारिश से धुला-धुला
तारे ख़ूब चमकीले
मैं भी कहाँ अलग हूँ।

Not Springtime Yet

* इस शीर्षक की कविता शृंखला से चयनित।

जीवन गीत गाओ

रवीन्द्रनाथ ठाकुर की *गीतांजलि* का पुनरावलोकन

Sing of Life : Revisioning Tagore's *Gitanjali*

नि:शब्द विस्मय में सुनती हूँ
विश्व को ज्योतिर्मय करता प्रकाश

आसमानों के बीच दौड़ता
मेरा हृदय ललकता है स्वर के लिए
संगीत की अन्तहीन सरगमों में

~

साँसों की नदियाँ
तोड़तीं व्यवधान

उमड़ेंगी

मेरे हृदय पर
असीम में विमुग्ध

4.

मेरे जीवन के प्राण
कोशिश रहेगी कि यह देह रहे पवित्र

असत्य बाहर

मन दीप की लौ
अमंगल का नाश कर

हृदय के देवालय में
प्रेम का पुष्प
सुरक्षित रख

~

तुम्हारा
    जीवन स्पर्श
है मेरी

    देह पर

5.

मैं माँगता हूँ एक क्षण
हाथ में जो काम हैं कर लूँ सम्पन्न।

मेरा हृदय नहीं जानता विश्राम।
मेरा कर्म अन्तहीन, सीमाविहीन सागर में।

ग्रीष्म मेरे वातायन पर
गर्मियाँ चढ़ आयी हैं खिड़की पर
पुष्पित उपवन, गुंजरित भ्रमर

निश्चल बैठें मुख-प्रतिमुख
नि:शब्द अवकाश में
गायें जीवन गीत!

लबालब भरे जीवन का गीत गायें!

Sing of Life : Revisioning Tagore's 'Gitanjali'

* इस शीर्षक की कविता श्रृंखला से चयनित।

प्रार्थना : पानी का स्वभाव

Invocation : Spirit of Water

मुझे वह ओस बनाना
जो छूती है सबको सम-भाव से
बर्फ़ के फाहों-सा पिघल जाने देना
ठोस संरचनाओं-सा अस्तित्व
सूखा पड़ने पर धरती के भीतर बहती नदी के समान
छिपे हुए स्रोतों से जीवन रस भरने दो

मीठा और नमक घुल जाता है जैसे नदी के मुहाने पर
सभी अन्तर घुल जायें मेरे लहू के भीतर
उठती ज्वार के साहस
मैं पुकारती हूँ तुम्हें कि
लौट आओ हर भाटे के गिरने के बाद
पानी का स्वभाव उम्मीद देता है।

आसमान से ढके महासागर को
अंकित करो मुझ पर
जब ज्वलन्त दरारें खुलती हैं, जीवन की याद आती है
मेरी मज्जा को भर जाने दो हिमनद की बर्फ़ से
जो शिलाएँ चीर कर पानी के सोते सींचती है।

एक और इच्छा जोड़ दो इसमें
पहाड़ की एक झील बन जाने दो मुझे

शान्त और गहरी
रोशनी से जगमग

किनारा

(पहली तालाबन्दी के समय लिखी गयी कविता)

Bank

(A poem written during the first lockdown)

ओ बच्चे...

क्या नदियाँ दौड़ेंगी, तुम्हारे लिए
ज़हर-बुझी नहीं, गहरी और नीली
उमगती डॉल्फ़िन से भरी
उम्मीद से छपछपातीं

क्या भँवरे गुनगुनायेंगे, तुम्हारे लिए
पराग भरे सुनहरे स्रोत
जब तुम रहोगे दूसरे किनारे पर

असमंजस के शब्दों को बेध
विश्व-चेतना घिर आयी है इस किनारे
जहाँ से देख रही हूँ मैं

हरित-मणियों के रेशों से
तोते गायेंगे क्या, आसमां का वृन्द-गीत
जब हम सोने को होंगे

मत होना तुम कठोर ताक़तों की तरह

अपनी क्रूरता, प्यास और आशंकाओं को भीतर समेटकर
जो बन्द मुट्ठियों-सी तन जाती हैं

हमें नदी तट के
निश्चय में विश्वास था
जो बहा ले जायेगा
हमारे रचे महामारी के संकट को

घुल जायेगा प्रेम
लघु और विस्तृत हो!

ओह बच्चे–

देखते हो तुम जैसे, एक-दूसरे को
औरों को भी
अनगिनत तुम्हारी भावनाएँ, क्या रहेंगी नाज़ुक
जैसे सुबह की नरम हवा सहलाती है हमारे उनींदे गाल?
हम खड़े रहते खाली हाथ, आशंकाओं में धँसे

लेकिन मैं कहती हूँ तुम्हें, पूर्ण निश्चय से
स्वयं को और विश्व को, नया-नया देखने के लिए
देर नहीं होती कभी

यही कर रहे हैं हम, खुलता है यह अनुभव हम पर
जैसे खड़े हैं हम, धूल सने पाँव लिए
तीर्थ स्थल पर सदा!

Indian Express
20 May 2020

बसुधरा रॉय

बसुधरा रॉय, भारतीय अंग्रेज़ी कविता का युवा स्वर हैं। उनकी लेखनी की गहराई और ख़ूबसूरती उन्हें समकालीन कविता की दुनिया में एक महत्त्वपूर्ण आवाज़ बनाती है। वे कवयित्री होने के साथ-साथ कोल्हान विश्वविद्यालय, चाईबासा के करीम सिटी कॉलेज में अंग्रेज़ी की प्राध्यापक भी हैं। आरम्भ से ही उनकी कविताओं में एक आन्तरिक तारतम्यता और सौन्दर्य-बोध लक्षित होता है। ये कविताएँ एक सोपान-क्रम में आगे बढ़ती हैं। इधर की कुछ कविताएँ पूर्ववर्ती कविताओं के विस्तार रूप में लिखी गयी हैं, मानो वे एक ही लम्बी और बड़ी कविता को लगातार कई हिस्सों में लिख रही हैं। यों कविता से उनकी संलग्नता एक निरन्तर विकसित होती रचनात्मक यात्रा के समान है।

बसुधरा रॉय की कविताएँ अक्सर अपनी भावनात्मक तीव्रता से प्रभावित करती हैं। वे प्रेम और उमंग से लेकर दुःख और दंश तक की एक विस्तृत भावनाओं को पूरी ईमानदारी व संवेदनशीलता से प्रस्तुत करती हैं। उनकी कविताएँ अपनी विविधता से सुनिश्चित करती हैं कि उनमें निजी अन्तरंगता तथा सामाजिक प्रतिबद्धता की घनीभूत उपस्थिति बनी रहे। अपनी कविताओं के थीमेटिक सन्दर्भों के अनुसार वे कलात्मक भाषा के विभिन्न रूपों और संरचनाओं का प्रयोग करती हैं, जिससे कविता में गतिशीलता का आकर्षण झिलमिलाता रहता है।

कवयित्री की पहली प्रतिबद्धता शब्दों को लेकर है जिनके द्वारा वे अपने ऐन्द्रिय और मानसिक अनुभवों को दार्शनिक व अस्तित्वगत आधार दे पाती हैं। बसुधरा को यह विश्वास है कि शब्द दुनिया को बदल सकते हैं, जैसे कोई नया स्वाद या

घटना हमें कुछ बदल देती है। इसी शाब्दिक सत्व और आस्वाद के लिए वे अपनी कविताओं को एक अभिनव पाक-कला की तरह विकसित करती हैं जहाँ बड़े धैर्य और जतन से शब्दों का चयन करते हुए वे उसे मद्धिम आँच में पकाती रहती हैं ताकि उनका अभीष्ट मिल सके। उनकी कविताओं में जितना उनके कथ्य बोलते हैं, उतनी ही मुखर होती है उनकी बनावट।

अब तक उनके तीन कविता-संग्रह प्रकाशित हो चुके हैं, *मून इन माई टीकप* (2019), *स्टिचिंग ए होम* (2021), *इनहैबिटिंग* (2022)। इसके अलावा तीन भारतीय-अमेरिकी स्त्री लेखिकाओं के लघु उपन्यासों पर आधारित उनका शोध-कार्य *माइग्रेशंस ऑफ़ होप* भी 2019 में प्रकाशित हुआ। उनका लेखन 'बेरफ्रोइस', 'कैफे डिसेन्सस', 'द एलेफ रिव्यू', 'मेड इन एशिया', 'तीस्ता रिव्यू', 'ईपीडब्ल्यू', 'द पोएट्री सोसाइटी ऑफ़ इंडिया', 'म्यूज़ इंडिया', 'सेतु' और 'त्रिवेणी' सहित अन्य महत्त्वपूर्ण मंचों पर प्रकाशित हुआ है और उन्हें ख़ूब पढ़ा-सराहा गया है।

एक कवि से प्रेम करते हुए

Loving a Poet

अच्छा है
कवियों के प्रेम में पड़ जाना
क्योंकि जब वे जाते हैं
जीवन में और उसके बाद भी
तो छोड़ जाते हैं
कुछ न कुछ ऐसा
जिसे तुम हमेशा पकड़ पाओगे

निगल जाना छोड़ी हुई कविताएँ
बिखरा देना सब ओर
लॉन, फ़र्श, मेज़ और बिस्तर पर
जुगाली करना उनकी बार-बार
सघन गहरे दिल में दाँत गड़ा देना
बहुत बार, सख़्त और आधे पके
उन हरियाले रूपकों के पत्ते चबा जाना
उस तीख़े व्यंग्य को सुड़क जाना
बूँद-बूँद टपकने देना वह स्वाद
अपनी ज़बान पर
और जब धीरे-धीरे चुभलाओगे
उस आश्चर्य को
समझ नहीं पाओगे
कहीं अपने ही खोए टुकड़े तो नहीं
जो घुल रहे हैं जीभ पर तुम्हारी!

Inhabiting

घर की बातें

Home Truths

एक घर होना ही है, लाज़मी है
शर्तों पर टिका है, उतना ज़रूरी भी नहीं

एक घर ही है जिसे सब ढूँढ़ रहे
पर मिलता नहीं
घर ही है जहाँ लौटना होता है हर रात

एक घर आता है तुम्हारे पास
नींद, पानी, रोशनी की तरह
तुम्हें तुमसे ही अलग कर देता है।

एक घर बसेरा है देह, मन और आत्मा का
जो बहुत बार पलटवार कर देता है।

एक घर स्थायी पता है
जो बना ही है खो जाने को

यह औरों की इच्छा पर टिका है...

लूटा जा सकता है, जलाया जा सकता है,
तहस-नहस हो सकता है

आपका घर ही आपका अपना सत्य है
सम्भव है आपके कई घर हों, हर एक झूठ और छद्म-सा

घर एक सूत्र है या सिद्धान्त कोई
बसा है जो मात्र कल्पना में

न्याय दर्शन में जैसे हम पहुँचते हैं
किसी सिद्धान्त पर
घर भी ऐसी ही एक कल्पना है, जो टाली जाती रही बराबर

एक घर प्रतीक है कोई
संकेत या सन्देह-सा
ठोस है घर संज्ञा-सा
नाम, स्थान, जीव या वस्तु की तरह

यह अमूर्त है केवल
अपूर्ण अन्वय, कथा या सम्बोधन के भीगे सपने-सा

Stitching a Home

गोधूलि-वेला में स्त्री

Woman at Twilight

दिन के अन्त में
स्त्री के हाथों में
कुछ नहीं रह जाता

उसके पास जो भी था
चुप करा दिया गया है भरपूर
कल फिर उठेगा दबा दिये गये विद्रोह की नाईं

वह नहीं जानती कि
इस एक दिन में कितनी बार
उसके पैर और उँगलियाँ चलती रहती हैं
किसी न किसी काम के लिए

भूल जाती है वह
कितने क़ानून उसने बचाये और
कितनों को अलविदा कहा

वह केवल इतना जानती है कि
वह पूरे दिन चलती रही है
और इंच भर भी रास्ता तय नहीं कर पायी

उसके थके शरीर और उलझे मन से पूछो
आगमन के क्या मायने हैं
और उसकी आँखें चकित कर देंगी तुम्हें
कोई जवाब नहीं सूझेगा

गड्ढा गड्ढा हो चुके उसके अस्तित्व में
दर्द बसा रहता है शिद्दत से
जैसे बारिश का पानी

आओ, गोधूलि वेला में उसे ढूँढ़ो
अपने बीते दिन को उजला करते हुए
जिसने न जाने क्या कुछ जज़्ब किया है!

A Blur of a Woman

बनारस -1

Benaras–1

उस पुराने शहर को लौटना जो बहुत पहले छूट गया था
उन बच्चों की तरफ़ लौटने के समान है
जो समय के साथ खुले और खिले हैं

जब तुम दूर थे, बहुत से रहस्य खुले
कई तरह की इच्छाएँ जगीं, घृणा और आवेग भी
सपने पाले, दु:ख, घाव और पूर्वग्रह भी

या फिर ये है लौटना प्यार में प्रेमी के पास
जिसे पराया कर दिया था बहुत पहले ही
बदल गया था उसका चेहरा बहुत कुछ
चाह के निशान फिर भी बाक़ी बचे थे

कभी जिस प्यार को महसूस किया
भरोसा दिलाया, वादे किये
पुराने उस शहर को लौटना जताता है
कि कभी तुम्हारे पास भी एक जवां दिल था
जो अलग-सा धड़कता था।

अद्‌भुत है यह महसूस करना कि
अर्थ रहेगा हमेशा पुरानी किताबों में
उन भूली हुई मुलाक़ातों में
उस अनकहे प्यार में

अपने पुराने शहर की ओर लौटना, जानना है
उस बेहिसाब नुक़सान या खोने के बारे में
आकार देना, सँभालना उस रूप को
जिसे धुँधला-सा महसूस किया
सिर्फ़ कुहासे में

समर्पण कर देना है
हृदय के कोलाहल में बसे उस कोमल ठहराव का
जहाँ उम्मीदें भले अपूर्ण हों
अतीत का स्तुतिगान सम्भव है।

Stitching a Home

ममंग दई

ममंग दई, अरुणाचल प्रदेश के पासीघाट में जन्मी अंग्रेज़ी की महत्त्वपूर्ण कवयित्री हैं। उनका सम्बन्ध पूर्वोत्तर की आदि जनजाति से है। जनजातीय संस्कृति को उनकी कविताओं में महसूस किया जा सकता है। पूर्वोत्तर प्रदेशों में प्रकृति की जीवन्त, मनमोहक उपस्थिति है लेकिन साथ ही ऐसे प्रदेश में रहने की जो दुश्वारियाँ होती हैं उनका संकेत भी उनकी कविताओं में मिलता है–बर्फ़ीली सर्दियों का मौसम, ठण्ड से होने वाली मृत्यु का अवसाद, राजनीतिक उथल-पुथल, आदि। उनकी कविताओं में पूर्वोत्तर की निश्छलता, सुरम्यता, उत्साह, दुःख और सन्ताप, सबको साथ-साथ पढ़ा जा सकता है। शब्दों के माध्यम से वे ऐसे चित्र बुनती हैं कि मन का आवेग और प्रकृति की सुरम्यता दोनों साथ-साथ साक्षात् हो जायें। उनका भाषा चयन अत्यन्त कसावट भरा है, जहाँ एक भी शब्द अतिरिक्त नहीं।

वे भारतीय प्रशासनिक सेवा की अधिकारी रही हैं लेकिन अपनी सामाजिक निष्ठा के कारण उन्होंने सेवा से त्यागपत्र देकर स्वयं को पूरी तरह अपने प्रदेश की पारिस्थितिकी, पर्यावरण और विकास की पत्रकारिता के लिए समर्पित कर दिया। उनकी साहित्य यात्रा भी अपने प्रदेश के लिए उनकी प्रतिबद्धता का एक पड़ाव है। उन्होंने अपने लेखों और रिपोर्टों के माध्यम से अरुणाचल प्रदेश और पूर्वोत्तर भारत के मुद्दों को राष्ट्रीय पटल पर लाने का प्रयास किया। वे 'हिन्दुस्तान टाइम्स' और 'द टाइम्स ऑफ़ इंडिया' जैसे प्रतिष्ठित समाचार पत्रों के लिए लिखती रही हैं।

ममंग दई ने अनेक साहित्यिक विधाओं में शब्द पिरोये हैं। 2003 में प्रकाशित *द स्काई क्वीन* और *वन्स अपॉन ए मूनटाइम* उनके कहानी-संग्रह हैं जो युवा पाठकों के लिए लिखे गये हैं। उनका कविता-संग्रह *रिवर पोयम्स* (2004) नदी के माध्यम से जीवन के संघर्षों और प्रकृति की जटिलताओं को व्यक्त करता है। उनकी *मिडसमर सर्वाइवल लिरिक्स* (2014) की कविताएँ सरल होते हुए भी गहन विचारशीलता से सम्पन्न हैं। उनका साहित्य पाठकों को अरुणाचल प्रदेश की नदियों और पहाड़ों की सुन्दरता में निमग्न कर देता है। वहाँ के आदिवासी समाज की कहानियों और किंवदंतियों पर आधारित उनका उपन्यास द *लेजेंड्स ऑफ़ पेनसेम* (2006) जनजातीय जीवन और सांस्कृतिक धरोहरों के सजीव चित्र उपस्थित करता है। इसके बाद आये *स्टूपिड क्यूपिड* (2008) और द *ब्लैक हिल* (2014) उपन्यास भी उनके साहित्यिक फ़लक को विस्तार देते हैं। ऐतिहासिक पृष्ठभूमि पर आधारित उनके उपन्यास द *ब्लैक हिल* को 2017 में 'साहित्य अकादेमी पुरस्कार' से सम्मानित किया गया। उनके कथेतर साहित्य में *माउंटेन हार्वेस्ट : द फूड ऑफ़ अरुणाचल* (2004) और *अरुणाचल प्रदेश : द हिडन लैंड* (वेरियर एल्विन अवॉर्ड से सम्मानित, 2003) शामिल हैं। शिक्षा तथा साहित्य के क्षेत्र में सराहनीय योगदान के लिए 2011 में उन्हें पद्मश्री से सम्मानित किया गया है।

नदी

The River

बहुत देर तक नदी किनारे मत रहो
भटका हुआ देवता है नदी
वह एक हाथी है, एक शेर है
कभी-कभी उसे घोड़ा भी कहते हैं वे
एक गर्म मौसम में हमने सोचा कि
पीली धूप में लोटता मोर है वह
भर देता है जो हमारी आँखों को सुनहलेपन से

लिली के ताल में तिर आयी एक औरत को देखा
कोहरे के पहाड़ में
बादल में लिपटी
पत्तों के घूँघर और छिटके पराग के साथ बहती

मैंने सोचा, नदी एक औरत है
एक देश, एक नाम
श्वेत तीव्र बहाव में अटका संगीत का एक सुर
गुप्त किसी मानचित्र को समेटे काग़ज़ का एक पन्ना

वहीं है आकाश की सीमा-रेखा
अँधेरे और शिखर के बीच
प्यास की जन्मभूमि पर!

बहुत देर तक नदी किनारे मत रहो
डूबती आत्मा है वह
सशक्त सशस्त्र देवता
बनाता-मिटाता ऐसे मौसम जिनमें
नदी कभी बहती, कभी ठहरी हुई
कभी सागर, कभी महासागर
हमारे गर्म मौसम की नदी
हमारी ज़िन्दगियों का नमक समेटती!

Midsummer Survival Lyrics

मृत्यु

A Death

सर्दियाँ लम्बी थीं
हमने कई बलिदान दिये
आज बहुत सवेरे
एक युवा लड़का चल बसा।

क्या वह बीमार था?
उसके दिल को कुछ हुआ?
कहीं कोई नशा (ड्रग्स) तो नहीं

उसकी माँ ने कहा–
"वह मेरी मदद करता था
अब सुधर गया था"
वह इन्तज़ार करती रही उसके जगने का
"मृत्यु"–वह बोली,
चोर की तरह आयी और उसे मुझसे चुरा ले गयी
और अब वह जा चुका था

क्या अर्थ है किन्हीं भी शब्दों का
उनके लिए जो जीवित रह गये?

ऊँचे पहाड़ पर
प्रार्थना पताकाएँ लहरा रही हैं ख़ामोश
प्रार्थना करो, मृत्यु इस घर न विराजे!

Midsummer Survival Lyrics

प्रार्थना पताकाएँ-2

Prayer Flags-2

भीगी पहाड़ी सड़क
यही है जहाँ गुज़ारा हमने
अपना सारा वक़्त
यह सोचते हुए कि
पार उतरेंगे कभी?
किसी ने मेरे दिल में रख दीं
प्रार्थना पताकाएँ
जीवन का प्रतीक हरा
धरती का पीला
सफ़ेद बादल का
और जूनिपर की गन्ध घुली-मिली
सागर की उस छोड़ी हुई नीलाई में
जो कभी इस धरा का स्वामी रहा।

शायद कोई तूफ़ान झुका देगा इसे किसी दिन,
जबकि इसने रोका हवाओं को
हज़ार बार।

हमने पाया एक-दूसरे को कल ही
जब उन्होंने हमें बताया कि
अतीत गुज़र चुका है।
अब हम तैरते हुए रंगों के पुंज हैं
पर्वत के अवरोध से
बहुत ऊँचे उड़ते हुए।

Midsummer Survival Lyrics

तैरता टापू

Floating Island

झुका हुआ पहाड़
मुझ तक पहुँचने की कोशिश में है
खींच लाया है ख़ुद को पानी तक
ओ प्रिय, चले मत जाना
रुको, ठहरो मेरे कन्धे पर

गहरे मेरे भीतर एक स्त्री सोयी है
मेरे तकिये पर रखे अपने गाल
चमकीले सपनों से भरी
गर्मियों के पक्षी
बना रहे घरौंदा उसके वक्ष में

कौन जानता है यह चक्रवाती बहाव
किस ओर मुड़ेगा
अलविदा, आसमान पर टिके अदेखे पर्वत
जब दिन सिमट जाता है
मेरा ह्रदय जुड़ जाता है पानी में जीवन से
बहुत गहरे समुद्र की हरियाई में
दिल की धड़कन पर मचलते

उठती है कुमुदिनी
तीखी मछलियों की तरह
और वह स्त्री हँसती है
हँसती चली जाती है।

Midsummer Survival Lyrics

मालाश्री लाल

मालाश्री लाल अंग्रेज़ी की प्रतिष्ठित लेखक, सम्पादक व शिक्षाविद् हैं। स्त्री-विमर्श और सिद्धान्त, स्त्रियों के मौखिक साहित्य, भारतीय मिथक एवं भारतीय अंग्रेज़ी लेखन जैसे अनेकानेक विषयों की विशेषज्ञ के रूप में वे देश और दुनिया भर में जानी जाती हैं। नारीवाद की उनकी व्याख्याओं में अर्धनारीश्वर का चित्रण और लैंगिक समानता की भावनाओं की अभिव्यक्ति प्रमुख है। पौराणिक कथाएँ, विशेषत: सीता, राधा और लक्ष्मी से जुड़े, ज्ञान और साहस के वृत्तान्त, उनकी साहित्यिक चेतना में हमेशा से एक उज्ज्वल उपस्थिति रहे हैं। उनका मानना है कि समाज में बिखराव के बावजूद, पौराणिक कथाएँ समरसता का आभास देती हैं। मानवीय स्थितियों और पारिस्थितिक सन्तुलन का हर प्रोटोटाइप पुराणों, महाकाव्यों, जातक कथाओं, कथासरित्सागर, लोककथाओं और अन्य भारतीय कथा-परम्पराओं में पहले से मौजूद है। नदियों-जंगलों, लोगों-समाजों के बारे में उनकी कविताएँ इसी चेतना को मुखरित करती हैं। अब तक उनकी बीस से अधिक पुस्तकें प्रकाशित हो चुकी हैं जिनमें *ट्रेजर्स ऑफ़ लक्ष्मी* (2024) और *मंडलाज़ ऑफ़ टाइम : पोएम्स* (2023) नवीनतम हैं, जिसका हिन्दी अनुवाद *मंडल ध्वनि* शीर्षक से प्रकाशित हुआ है। *फ़ेमिनिस्ट स्पेसेस* (भारत और कनाडा के चुनिन्दा सांस्कृतिक पाठों का संकलन, 1998), *टैगोर एंड द फ़ेमिनिन* (2015) तथा *कॉस्मोपोलिटन स्पेसेस : इंडियन लिटरेचर एंड काउंटरपॉइंट्स ऑफ़ मॉडर्निटी* (2018) उनकी प्रमुख सम्पादित पुस्तकें हैं। भारत में स्त्री अध्ययन की एक विशेष प्रविधि विकसित करने के उद्देश्य से लिखी गयी पुस्तक *द लॉ ऑफ़ द थ्रेशहोल्ड*

: वीमेन राइटर्स इन इंडियन इंग्लिश (1995, 2000) उनकी एक अत्यन्त महत्त्वपूर्ण अध्ययन-परियोजना है।

प्रो. लाल ने नमिता गोखले के साथ पौराणिक कथाओं पर आधारित *गॉडेस ट्रिलॉजी* का सह-सम्पादन किया है, जिसमें *इन सर्च ऑफ़ सीता* (2009, 2018), *फाइंडिंग राधा* (2018) और *ट्रेजर्स ऑफ़ लक्ष्मी* (2024) शामिल हैं। सुकृता पॉल कुमार के साथ मिलकर उन्होंने *विमेंस स्टडीज़ इन इंडिया* (2002), *इंटरप्रेटिंग होम्स इन साउथ एशियन लिटरेचर* (2007), *स्पीकिंग फॉर माइसेल्फ़* (एशियाई स्त्री-लेखन संचयन, 2009) तथा *चम्बा अचम्बा : विमेंस ओरल कल्चर* (2012) जैसी स्त्री अध्ययन की महत्त्वपूर्ण परियोजनाओं पर आधारित पुस्तकों का सम्पादन किया। उनकी अन्य सह-सम्पादित पुस्तकों और संचयनों में शामिल हैं– *फीमेल एम्पॉवरमेंट* (1995), *एट होम इन द वर्ल्ड* (2005), *द इंडियन फैमिली इन ट्रांज़िशन* (2007), *जेंडर एंड डाइवर्सिटी* (2015), *एन एंथोलॉजी ऑफ़ इंडियन फैंटेसी राइटिंग* (2017) तथा *सिग्नीफाइंग द सेल्फ* (2017)।

प्रो. लाल को बालिका-कल्याण हेतु उल्लेखनीय कार्यों के लिए 'अचीवर्स अवार्ड' (2016) से सम्मानित किया गया। नमिता गोखले के साथ लिखित *बिट्रेयड बाय होप : ए प्ले ऑन द लाइफ़ ऑफ़ माइकल मधुसूदन दत्त* (2020) को *कलिंग फ़िक्शन अवार्ड* प्राप्त हुआ है। वर्ष 2022 में उन्हें 'इथोस लिटरेरी अवार्ड' तथा अत्यन्त प्रतिष्ठित 'राजमाता गायत्री देवी अवार्ड' से सम्मानित किया गया। दिल्ली विश्वविद्यालय के अंग्रेज़ी विभाग से सेवानिवृत्त और विश्वविद्यालय प्रशासन से दीर्घकाल तक सम्बद्ध रहने वाली प्रो. लाल इन दिनों साहित्य अकादेमी के अंग्रेज़ी सलाहकार बोर्ड की संयोजक हैं।

घर-बेघर

Homeless

कोई जगह नहीं जो शान्ति का संकेत देती हो
नहीं, कोई भी जगह, जो हो मौन, प्रशान्त
दसियों बरस से रहते आये जहाँ, वह घर नहीं है
एक जेल है, जिसकी दीवारें दिखती नहीं हैं
हथकड़ियों से भी बदतर
बन्दिशों के शिकंजे हैं हर तरफ़
सभी छोटे-बड़े लोग
बरसों के साथ के बावजूद
अजनबी हैं, एक-दूसरे के लिए।

गाँव का छप्पर वाला घर
जिसे पीछे छोड़ आये
बहुत दूर-सा लगता है
रहस्यमय, असम्भव, शून्य...
मेरी स्वप्नशून्य नींद की आश्वस्ति
तुम ही हो!

Mandalas of Time

नदियाँ

Rivers

नदियों का पवित्र संगम

स्याह भागीरथी
स्त्रियों के उस समागम से जन्मी
जिसका कोई नाम नहीं होता
प्रमुदित चमकती अलकनन्दा
पारदर्शी और नीली नाचती हुई
तुम मिलती हो देवप्रयाग में
और हम अपनी मूर्खता में सोचते हैं कि
खो देते हैं पानी अपनी पहचान
संगम में!

ऐसी सरल धारणाओं को
झुठला देती हो तुम
देख पाती हूँ, मैं
उस स्याह और आसमानी नीले रंग का खेल
बिल्कुल अगल-बगल
खेलते-नाचते
प्यार से लिपट जाते

साथ-साथ
और फिर अलग
तर्क के नियमों पर
हँसती प्रकृति का प्रत्युत्तर!

Mandalas of Time

मातृत्व की प्रतीक्षा में

Waiting for Motherhood

तमसा नदी के किनारे
किसी अन्य का साथ नहीं चाहती मैं
बस चाहिए वह हिरण
जो मेरे लगाये पौधों की
पत्तियों पर पलता है
वे पक्षी
जो झुक आते हैं उन दानों पर
मेरी रसोई से जो छिटके हैं
वह साँप भी
जिससे कोई ख़तरा नहीं
जानी नहीं उसने
किसी की भी शत्रुता

मेरे गर्भ में पल रहे
एक से अधिक प्राणों की गिनती
नहीं होती जनगणना के किन्हीं आँकड़ों में
फिर भी मेरे स्पन्दन जुड़े हैं
उन्हीं साँसों से जिनसे साझा हैं मेरी साँसें
और मेरा लहू
मेरी सोच और मेरा एकान्त

तुम मुझ पर क्या अधिकार जताओगे
स्वेच्छा से चुना है मैंने अपना एकान्त
अपने मन से मैं एकाकी हूँ
भोजन भी सादा है
पवित्र केले के पत्तों पर परसा हुआ

माँ पृथ्वी की अपनी विरासत
सौंप दूँगी अपने जुड़वाँ बच्चों को
पंचभूत होंगे उन्हें पालने को
पंचविद्या उन्हें राह दिखाने को
मेरा अपना रास्ता अपरिगृह का है
परिनिर्वाण के लिए तैयार है एक माँ
सभी सम्बन्धों से दूर!

Mandalas of Time

कश्मीर : एक सुबह

Kashmir : One Morning

चिनार के दरख़्तों के नीचे
गाँधी का ख़याल
पत्थरबाज़ों पर भी एक छाया-सी डाल देता है
उनकी बाँहें रुक जाती हैं
अधगति के बीच ही...
जैसे रोक दिया हो उन्हें
उस सन्त के प्रभाव ने
जिसने सदा
हिंसा को अस्वीकार किया
एक युवक खड़ा है
तीर-सा तना शरीर लिए वहाँ
उठी हुई मुट्ठी में सँभाले
चट्टान का वह टुकड़ा
जो बरसों से चकनाचूर हो रहे पत्थर की मानिंद
लहू की बूँद-सा बिखरा है
लाल-चौक पर
छायाओं से फुसफुसाता है कोई–
हे राम!

Mandalas of Time

मीना कंदसामी

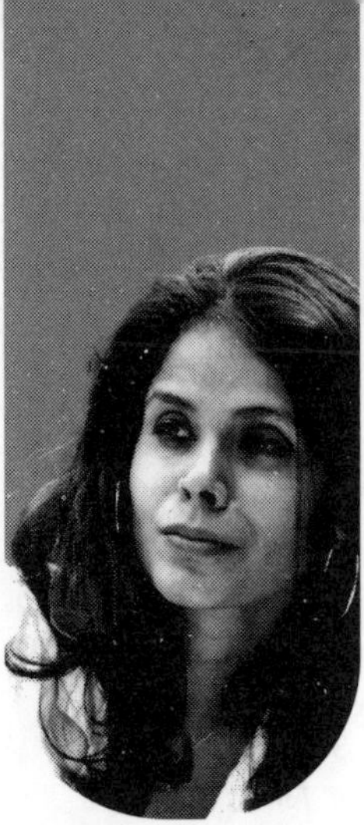

मीना कंदसामी की कविताएँ अपने साहस, जुनून, सामाजिक न्याय में पूर्ण निष्ठा व प्रतिबद्धता, भावनात्मक तीव्रता और सुदृढ़ भाषा प्रयोग के लिए जानी जाती हैं। वह वर्जित विषयों को उठाती हैं और असहज सच्चाइयों का सामना करती हैं, जिससे उनका लेखन उत्तेजक और आकर्षक बन जाता है। उनकी रचनाओं में रेडिकल स्त्रीवादी दृष्टिकोण झलकता है, जो पितृसत्तात्मक मानदण्डों को चुनौती देते हुए स्त्रियों के अधिकारों की वकालत करता है। उनकी अधिकांश रचनाएँ स्त्रियों और दलितों के शोषण के विरुद्ध आवाज़ उठाती हैं और उनके सशक्तीकरण के लिए संघर्षरत हैं।

उनकी साहित्यिक यात्रा अनुवाद विधा से प्रारम्भ हुई। उन्होंने तमिल साहित्य की अनेक महत्त्वपूर्ण कृतियों का अंग्रेज़ी में अनुवाद किया जिसमें पेरियार तिरुणावलवन तथा तमिल एलम से सम्बद्ध लेखकों की रचनाएँ भी शामिल हैं। इसके बाद उन्होंने कविता, उपन्यास और निबन्ध के माध्यम से अपने मौलिक लेखन की शुरुआत की। उनकी कविताएँ और उपन्यास व्यक्तिगत अनुभवों तथा सामाजिक-राजनीतिक मुद्दों को पूरी निडरता के साथ अभिव्यक्त करते हैं। उनकी कई कविताएँ, कहानियाँ सुनाती हैं जिससे पाठकों का उनसे सहज तादात्म्य हो जाता है, वे कहानियाँ उन्हें अपनी-सी लगने लगती हैं। इसमें उनकी भाषा का भी अभूतपूर्व योगदान है। वह विभिन्न भाषायी शैलियों और रजिस्टरों को मिलाकर एक ऐसी भाषा रचती हैं जिसमें तमिल के प्रभाव को महसूस किया जा सकता है। अपनी भाषिक-सांस्कृतिक धरोहर से ऐसी अभिन्नता उनकी रचनाओं को समृद्ध करती है।

सामाजिक-राजनीतिक क्षेत्र में उन्होंने कई आन्दोलनों और संगठनों के साथ मिलकर काम किया है, जो हाशियाकृत जन-समाज के अधिकारों के लिए संघर्ष कर रहे हैं। 2006 में प्रकाशित *टच* उनका पहला काव्य-संग्रह है, जिसमें उन्होंने दलित जीवन में अस्पृश्यता के दंश की पीड़ा को अभिव्यक्त करते हुए सामाजिक असमानताओं पर प्रहार किया है। 2010 में प्रकाशित *मिस मिलिटेंसी* नामक संग्रह में उन्होंने पौराणिक कहानियों और धार्मिक मिथकों का पुनर्लेखन करते हुए नारीवाद और सामाजिक न्याय के मुद्दों को उजागर किया है। 2015 में *दिस पोएम विल प्रोवोक यू एंड अदर पोएम्स* प्रकाशित हुआ। उनका नवीनतम काव्य-संग्रह है– *टुमॉरो समवन विल अरेस्ट यू* (2023)। 2014 में प्रकाशित अपने पहले उपन्यास द *जिप्सी गोडेस* के द्वारा वे दलित संघर्षों और सामाजिक अन्याय को विस्तार से दर्शाती हैं। यह उपन्यास 1968 के किलवेनमनी नरसंहार पर आधारित है। 2017 में उन्होंने आत्मकथात्मक शैली में *व्हेन आई हिट यू* उपन्यास लिखा। यह एक युवा लेखिका की कहानी है जो अपने पति की घरेलू हिंसा से जूझ रही है। इस कृति को अन्तरराष्ट्रीय स्तर पर बहुप्रशंसा मिली तथा 2017 में ही इसे 'द हिन्दू प्राइज़' के लिए सूचीबद्ध किया गया तथा 2018 के 'वीमेन्स प्राइज़ फॉर फिक्शन ' के लिए भी नामित किया गया। उत्कृष्ट साहित्यिक योगदान तथा सामाजिक सक्रियता के लिए उन्हें अनेक राष्ट्रीय तथा अन्तरराष्ट्रीय मंचों पर पुरस्कृत व सम्मानित किया गया है। आज वे साहित्यिक जगत की एक महत्त्वपूर्ण आवाज़ बन गयी हैं।

एक बिंदास औरत एक शब्द की तलाश में

A Wild Woman on a Word Hunt

मेरे लिए कोई और शब्द ढूँढ़ो
जो इतना सधा-बँधा, तैयार-सा न हो
मैं चाहती हूँ एक ऐसा शब्द
जो इन्तज़ार कर सकता है
रो भी सकता है, थोड़ा झिझकता है और
अपने आसपास के उन सभी शब्दों को
जानता है जिन्हें मैं मिटा देती हूँ
वह डरता है उनकी जगह लेने से

मेरे लिए एक ऐसा शब्द ढूँढ़ो
जिसने सुना है उस स्त्री के बारे में
जो उस पुरुष को खो देने से डरती है
जो है ही नहीं
जो उसके पास कभी था ही नहीं

एक ऐसा शब्द ढूँढ़ो मेरे लिए
जो इस ख़याल से ही काँप उठता है
कि वह कहीं फँस न जाये
एक शब्द जो दिखाये मुझे
कैसे चुराया जाता है समय को
मर्दों को नहीं

मेरे लिए ढूँढ़ो एक ऐसा शब्द
जो उतना सुरक्षित नहीं
एक शब्द उस स्त्री के लिए
जाग सके जिसके साथ वह जंगल में

एक स्त्री जो ताप को पहचानती है
लम्बी चुप्पियों को और उनींदी रातों को भी
एक स्त्री जो केवल शब्दों के कर्म में संलग्न है।

प्रेम नहीं, ओ प्रिय कवि
मेरे लिए कोई दूसरा शब्द ढूँढ़ो।

Tomorrow Someone will Arrest You

शहीद

Martyr

एक मिलिटेंट जिसे मेरी पंक्तियाँ
बाँध नहीं सकतीं
जिसे मेरे होंठ प्यार नहीं कर सकते
जिसे मेरी आँखें छिपा नहीं सकतीं
मेरी स्मृति अंकित नहीं करती जिसे
जन्मतिथि या फिर मृत्यु के दिनांक से
उसके गाँव का भी कुछ पता नहीं
गाँव के उजड़ने, और विस्थापन में
अपना राज्य माँगते उसके गीतों का
कहीं कोई ज़िक्र नहीं
न ही कोई निशान है उस लाल सितारे का
जहाँ उसने अपने सपने छिपा रखे थे

शहीदों की इस किताब में
वह रक्तरंजित कहानी
दर्ज है सिर्फ़ तीन शब्दों में–
'एक स्त्री कॉमरेड'
अपने लोगों के लिए लड़ते हुए
मारी गयी।

Tomorrow Someone will Arrest You

बदनाम गली की लड़कियाँ

Backstreet Girls

नैतिक प्रहरियों के लिए

पतुरिया है यह औरत, वेश्या
और वह लड़की वहाँ पर, भक्षक है–खा जानेवाली
और मैं हूँ, एक कुतिया
कामुक जंघाओं पर जिसकी, टैटू गुदे हैं
यह साँवली औरत,
इसकी वाणी में तूफ़ान है
और वह–
ख़ूब मालामाल हो जाती है, पार्ट-टाइम डायन बनकर
और मैं, वह छछूंदर जिसके नाम में
ही गर्मी है

बेलगाम ज़बानों से हम निगल जाती हैं सूरज
पक्की छिनालों की तरह
अनजाने मर्दों के कपड़े उतार देती हैं
नींदें हराम हैं हम पर
हमारी पलकों पर चढ़ी है सितारों की गर्द
नग्न हम भी हैं
सिर्फ़ अपने ही प्रेम में डूबीं
और हाँ यह भी सुनो, मेरे प्यारो

हम सभी दोस्त हैं
हमारी सुहागरात के बिस्तरों पर
नहीं होंगे लहू के दाग़
ऐसी नहीं हैं हम
चुन सको जिन्हें पत्नियों के रूप में
ऐसी भी नहीं हैं हम
कि क़ैद कर पाओ हमें उम्र भर के लिए

Ms Militancy

एक मौन पत्र

A Silent Letter

हम मिले आधे रास्ते, अंग्रेज़ी में
जो भाषा से अधिक एक आदत है
मेरी कविता में चाकू के ज़ख़्म की तरह टीसती
यह भाषा
तुम्हारी राजनीति में, गोली की तरह निशाने पर
लगती है।

तुम, अंग्रेज़ी के हर शब्द को
अपनी मातृभाषा में नहला देते हो
जैसे शुद्ध करते हो
जैसे इस सारे विवाद से निपटने का
यही एक तरीक़ा हो
तुम, दर्द के क्षणों में फ्रेंच की तरफ़
भी ढुलक जाते हो
अचानक से उभरते हैं शब्द
'पार्डन' यानी क्षमा और फिर कभी
उतनी ही अप्रत्याशित 'ऊई'
जो बताती है मुझे कि तुम सपनों में हो
यह भी बताती है कि अब धरती पर उतर आये

मैं तुम्हारे घर कैसे आऊँ?

शब्दों की उस स्थली पर
जहाँ मैं हाथों से गढ़ रही
अपने सपने

हमारे पास कोई अक्षर नहीं
वे लुप्त हो गये मौन में
हमारे लिए नहीं उनकी अनकही सिसकारी ध्वनियाँ
फिसलते तरल व्यंजन
शब्दों के अन्त के ध्वनि-लोप
सम्भ्रान्त भाषा के विचलन

यह जीवन ही हमारे लिए स्वर हैं
और अपने व्यंजनों को हम देह मानते हैं
जहाँ जीवन साँस लेने लगता है, अर्थ गढ़ता है
प्रेम करता है
यहाँ सब कुछ है भास्वर, प्रखर
केवल एक ही नियम है
जो भी देखो उसे ही कहो–

कुछ भी अनकहा न रह जाये
मैं संघर्ष करती हूँ अपनी जिह्वा से
जो बँधी है अपनी जड़ों से
जो जानती नहीं कि चीज़ों को
कैसे फिसल जाने देना है

जो नहीं जानती उन ध्वनियों को
कैसे दबाया जाता है

जो तुम्हारे पास घर आने को
जान दिये जा रहीं, लेकिन
खड़ी हैं एक अजनबी की तरह
तुम्हारे दरवाज़े पर!

Tomorrow Someone will Arrest You

मेनका शिवदसानी

मेनका शिवदसानी कवयित्री, सम्पादक और साहित्यिक कार्यकर्ता हैं। बचपन से ही कविता में रुचि रखने वाली मेनका की कविताएँ साहित्यिक, सामाजिक और सांस्कृतिक दृष्टि से अत्यन्त प्रभावी हैं। उनकी कविताओं में स्त्रीवाद, सामाजिक न्याय और मानवाधिकारों की गहरी समझ है। वे महिलाओं के संघर्ष, उनकी आकांक्षाओं और उनके अनुभवों का सजीव चित्रण करती हैं। उनकी संवेदनशील दृष्टि तथा वर्णनात्मक भाषा, दृश्यों और भावनाओं को जीवन्त कर देती है। भावनात्मक परिदृश्य में गहरे उतरती उनकी कविताओं में अनुभव की जटिलताओं की झलक मिलती है; लय, मीटर और ध्वनि की विशेषताएँ उनकी कविताओं में संगीतात्मकता का गुण जोड़ देती हैं। मेनका की कई कविताएँ अत्यधिक व्यक्तिगत और चिन्तनशील होती हैं, जो उनके अपने अनुभवों और आन्तरिक विचारों पर आधारित होती हैं। यह आत्मान्वेषण उनकी कविता को एक अन्तरंगता प्रदान करता है।

मेनका के अब तक तीन कविता-संग्रह प्रकाशित हुए हैं। उनकी पहली पुस्तक *निर्वाण एट टेन रुपीज़* 1990 में प्रकाशित हुई जिसमें उन्होंने समाज, जीवन और आत्मनिरीक्षण के विभिन्न पहलुओं को छुआ है। उनका दूसरा कविता-संग्रह *स्टेट* (2001) आधुनिक जीवन की जटिलताओं और व्यक्तिगत अनुभवों को संवेदनशीलता से प्रस्तुत करता है। उनके तीसरे काव्य-संग्रह *सेफ हाउस* (2015) में सामाजिक और व्यक्तिगत मुद्दों को ख़ूबसूरती से पिरोया है। इस संग्रह में उनकी कविताएँ पाठकों को सोचने पर मजबूर भी करती हैं। 1980 से 2017 तक चयनित कविताओं

का संकलन *फ्रज़ील* (2018) में प्रकाशित हुआ इसके अलावा मेनका ने 'साउंड एंड पिक्चर आर्काइव्स फॉर रिसर्च ऑन वुमन' (स्पैरो) के लिए महिला लेखन पर आधारित एक संकलन *इफ़ द रूफ़ लीक्स, लेट इट लीक*; तथा अमेरिकी ई-ज़ीन www.bigbridge.org के लिए समकालीन भारतीय कविता के दो संकलनों का सम्पादन भी किया है। वे साहित्य अकादेमी द्वारा प्रकाशित सिंधी पार्टिशन पोएट्री के एक संकलन *फ्रीडम एंड फ़िशर्स* की सह-अनुवादक भी हैं।

मेनका शिवदसानी की रचनाएँ भारत और भारत से बाहर भी व्यापक रूप से प्रकाशित हुई हैं। उनके कार्य को *इंडियन लिटरेचर इन इंग्लिश : एन एंथोलॉजी* नामक पुस्तक में शामिल किया गया है जो कि मुम्बई विश्वविद्यालय के कला स्नातक पाठ्यक्रम की पाठ्यपुस्तक है। 1986 में उन्होंने पोएट्री सर्कल की स्थापना में महत्त्वपूर्ण भूमिका निभाई। एक पत्रकार के रूप में उन्होंने हांगकांग में साउथ चाइना मॉर्निंग पोस्ट के साथ काम किया और राजू काने के साथ मिलकर, सह-लेखक और सह-सम्पादक के रूप में तेरह पुस्तकों का प्रकाशन किया।

सम्पूर्णता

The Whole Deal

शक्ति के लिए बहुत कुछ करना होता है
महसूस करना होता है
साँसों से निकलते उस धधकते लावे को
जो उठता है गहरे कहीं अन्तड़ियों के पास से
पसर कर नदियों को लाल रंग देने

ताक़त के लिए बहुत कुछ करना होता है
पूरा महसूस कर पाना ख़ुद को जबकि
वक्ष और अण्डाशय के टुकड़े
पड़े हैं प्लास्टिक की थैलियों में
काग़ज़ पर छपी रिपोर्ट दुनिया को बताती है
कि आप ठीक हैं

लेकिन बहुत कुछ करना होता है
यह जानने के लिए कि
भीतर जलता कोयला अब जलकर
ख़ाली जगह छोड़ चुका है
और नदी भी अब लाल नहीं रही

बहुत कुछ करना पड़ता है
यह जानने को कि तुम

पहाड़ की चोटी तक पहुँच गये
तुम्हारे पाँवों के तलों में
चोटियों के निशान हैं
और तुमने उस क्षितिज को लगभग छू लिया
जहाँ आसमान नीले की जगह
काला दिखने लगता है

पिघली आँखों की एक ख़ास जोड़ी चाहिए
अपने अस्पृश्य स्व को देखने के लिए
अपने को ही उस पार मिलने के लिए
जहाँ अब नदियाँ नहीं बहतीं
यह तब होता है जब तुम
ख़ुद को सशक्त महसूस करो
तब ही अनुभव होगी अपनी सम्पूर्णता!

Frazil

हर स्त्री एक द्वीप है

Everywoman is an Island

रसोई के शोरगुल और
बर्तनों के पहाड़ के नीचे
एक अँधेरी जगह है जो
उठती है समुद्र से ऊपर
जहाँ समुद्री पक्षी झुक आते हैं
और चीलें व पंतगें ऊँचे उड़ते हुए
अदृश्य हो जाती हैं
तेज़ जंगली हवाएँ
बहती हैं साथ-साथ

यह एक ऐसी जगह है जो
सब झेल जाती है
लहरें धीरे-धीरे चीरती हैं सन्नाटे

मोटर-बोट की आवाज़
पथरीले किनारे की ओर बढ़ रही
कभी-कभी एक जहाज़ भी
किनारे आ लगता है।

और कभी
जब भीतरी गहराइयों से

सुनामी उठ जाये
सब कुछ निगल जाये अपनी लहरों में
वह सिमट आयेगी अपने भीतर
जहाँ रखा है धरती का एक टुकड़ा
बदल लेगी सीमान्त
अपने भूगोल के!

Frazil

पतंगें

Kites

पतंगें होती हैं महीन, मुलायम,
सजीली, झीने काग़ज़ की
अपनी छाती पर धरे
लकड़ी का सलीब
वे गुज़ारती हैं अपना वक़्त
हवा से विरक्त दराज़ों में
आसमान से छिपे-छिपे

पतंगें ख़तरनाक हैं, औरतों जैसी
तीखी-धारदार उड़ती हैं
बादलों के विरुद्ध
तुम्हारे हाथों को चीरती
जिस डोर से बँधी हैं
उसमें छिपी है काँच की किरिच
खुलती हैं जब
भाँप लेती हैं
हवा का रुख़

तुम जो खड़े हो मुँडेर के किनारे
इस भरम में कि डोर तुम्हारे हाथ है

देखो ऊपर जहाँ वह मँडराती
सरसराती हैं

पतंगें ख़तरनाक हैं, जब उठती हैं ऊपर
अपनी लगाम खींच लेती हैं
ज़रा से तूफ़ान के क़रीब
उड़नछू हो जाती हैं।

तुम रह जाओगे अकेले
हाथ पर चुभन लिए और
ऊपर ख़ाली-सी जगह।

Frazil

असमाप्त यात्राएँ

Unfinished Journeys

और अन्ततः
वे उपनदियाँ
जब अपना रास्ता तय कर चुकती हैं
तुम भी भटकते हुए
घर पहुँच जाते हो
थोड़ा अजीब लगता है
लाल चौकोरों से भरा कपड़ा
मकड़ियाँ और खुले तार
अति-परिचित
फिर भी पहचान के दायरे से
इतने बाहर।

इतने दशक जो तुम यात्रा करती रहीं
किसी और के थे
दीवार पर
खटमलों भरे
तकियों के साये
दूसरी पटरियों से गुज़रती
खचाखच भरी रेलों में
भूतिया चेहरे

किसी और के कमरों में
ख़ाली सूटकेस

और फिर अचानक, पुराने दोस्त
और पुराने दिखने लगे
आईने में
उस लड़की की झुर्रियों को
तुम कहाँ पहचानती हो
जिस कवि को चाहती रहीं तुम
सिगरेट के धुएँ-सा उड़ गया
और किसी ने तुम्हें बताया नहीं
कि जब तुम वहाँ नहीं थीं
कुछ टूट गया
बीचों-बीच

मैंने अपने बैग रख दिये हैं
उस कमरे में जो कभी मेरा था
वह कभी बहुत पहचाना-सा था
जैसे कि बड़े से हॉल में एक़ मुस्कान

लेकिन अब कुछ नयी अनुगूँजें हैं
हवा कोई अलग-सी धुन गा रही
और वहाँ घर में
खिड़की पर दबी-दबी एक आवाज़
चाँद को कुछ सुना रही।

नदी के बहाव के ठीक मध्य
वितस्ता, वितरिका सब साथ आ गयीं
लेकिन किनारे पड़े शंख
शान्त और श्वेत
उद्गम पर एक मौन

मैं चली आयी हूँ अन्त तक और
मिल गयी उद्गम से
बहती नदी की धारा का
कोई अन्त नहीं
और जैसे ही बादल वाष्प में बदलते हैं
लाल आसमान के सामने
कोई सहला जाता एक दबी चीख़

अभी बहुत-सी अधूरी यात्राएँ बाक़ी हैं
बहुत से सिरे उलझे हैं
इस परिचित स्थान के सन्नाटे में
जैसे ही मकड़ियाँ कोई रेंग आयें
अपना सामान बाँध लूँ
सूखी त्वचा उखाड़ दूँ
प्रारम्भ करूँ फिर से
अधूरी पड़ी यात्राएँ!

Frazil

राधा चक्रवर्ती

राधा चक्रवर्ती, बहुचर्चित लेखक-आलोचक-अनुवादक तथा रवीन्द्र साहित्य की मर्मज्ञ हैं। रवीन्द्रनाथ टैगोर से लेकर भारत और विदेश का स्त्री-लेखन एवं दक्षिण एशियाई साहित्य उनके आलोचनात्मक लेखन में शामिल हैं। एक कवि के रूप में वे सतही वास्तविकताओं के भीतर छिपी कहानियों की निरन्तर खोज करने के साथ-साथ रोज़मर्रा जीवन के छोटे-छोटे अनुभवों, मानवीय-प्राकृतिक जगत से हमारे सम्बन्धों के अदृश्य आख्यानों को पूरी संवेदनशीलता के साथ छूती हैं। आन्तरिक इच्छाओं, स्मृतियों, आशंकाओं से प्रभावित उनकी कविताएँ, रूप, ध्वनि और बिम्बों से ऐसे प्रयोग करती हैं कि परिचित चीज़ें भी एक अलग रोशनी में दिखाई देती हैं। निजी और सामाजिक मुद्दों के सन्धि-स्थल पर रची गयी इन कविताओं में ज्ञान, मिथक और इतिहास का सहमेल है।

उनकी बीस से अधिक पुस्तकें प्रकाशित हैं जिनमें प्रमुख बांग्ला लेखकों के अनुवाद, दक्षिण एशियाई लेखन के संचयन तथा रवीन्द्रनाथ टैगोर, महाश्वेता देवी और समकालीन स्त्री-लेखन पर आलोचनात्मक अध्ययन शामिल हैं। उनकी नवीनतम सम्पादित पुस्तकें हैं—*महाश्वेता देवी : राइटर, एक्टिविस्ट, विज़नरी* (2024) और *काज़ी नज़रुल इस्लाम : सेलेक्टेड एसेज़* (2024)। *सब्लीमिनल* (2023) उनकी पहली काव्य-कृति है। *फेमिनिज़्म एंड कंटेम्पररी वीमेन राइटर्स* (2008) और *नॉवेलिस्ट टैगोर : जेंडर एंड मॉडर्निटी इन सेलेक्टेड टेक्स्ट्स* (2013) उनके दो महत्त्वपूर्ण आलोचनात्मक विनिबन्ध हैं। अनुवादक के रूप में राधा ने रवीन्द्रनाथ टैगोर के चार उपन्यासों का अंग्रेज़ी अनुवाद किया है–*गोरा* (2009),

शेषेर कविता (फेयरवेल सांग, 2011), *चोखेर बाली* (2012) और *चार अध्याय* (*फोर चैप्टर्स*, 2022)। इसके अलावा रवीन्द्र के बाल-साहित्य 'ताशेर देश' (*द लैंड ऑफ़ काईस*, 2010) तथा *ब्वॉयहुड डेज़* शीर्षक से उनके संस्मरण, बंकिमचन्द्र चटर्जी के उपन्यास *कपालकुण्डला* (2005) तथा महाश्वेता देवी के संस्मरण *अमादेर शान्तिनिकेतन* (*आवर शान्तिनिकेतन*, 2022) के अनुवाद भी पुस्तकाकार प्रकाशित हैं। उन्होंने *क्रॉसिंग्स : स्टोरीज़ फ्रॉम बांग्लादेश एंड इंडिया* (2003), *बॉडीमैप्स : स्टोरीज़ बाय साउथ एशियन वीमेन* (2007), *वर्मीलियन क्लाउड्स : स्टोरीज़ बाय बंगाली वीमेन* (2010) के अलावा दक्षिण एशियाई लेखन पर अनेक संचयनों का संपादन किया है। *राइटिंग फेमिनिज़्म* (2010), *राइटिंग फ्रीडम : साउथ एशियन वॉइसेस* (2012) और *शेड्स ऑफ़ डिफ़रेंस* (2015) उनके प्रमुख सह-सम्पादित प्रकाशन हैं।

राधा चक्रवर्ती ने *इन द नेम ऑफ़ मदर* (2003) के नाम से महाश्वेता देवी की मातृत्व केन्द्रित असाधारण कहानियों का अनुवाद किया, जिसे 'क्रॉसवर्ड ट्रांसलेशन अवार्ड', 2004 के लिए नामित किया गया-था। फकरूल आलम के साथ सम्पादित संचयन द *एसेंसियल टैगोर* को 'बुक ऑफ़ द ईयर 2011' घोषित किया गया। उन्होंने 'पेनडेमिक : ए वर्ल्डवाइड कम्युनिटी पोएम' (म्यूज़ पाई प्रेस, यूएसए) में भी योगदान दिया है, जिसे 2020 के 'पुशकार्ट पुरस्कार' के लिए नामांकित किया गया। डॉ. भीमराव अम्बेडकर विश्वविद्यालय, दिल्ली से तुलनात्मक साहित्य एवं अनुवाद अध्ययन के प्रोफ़ेसर पद से सेवानिवृत्त हुईं राधा फ़िलहाल अपने अध्ययन-लेखन की नयी परियोजनाओं में संलग्न हैं।

छूटे हुए फन्दे

Dropped Stitches

छूटे हुए फन्दे–
जैसे छोटी-छोटी बेख़बरियाँ
झलक जाने देती हैं
हमारे छिपाकर रखे रहस्य—
उजागर कर देती हैं
ध्यान से सँभाल कर रखीं
घने ताने-बाने से बुनी उन कहानियों को
जो ओढ़ रखी हैं हमने
अपने जीवन के आसपास

Subliminal

आग की लपटों के बीच चलते हुए

Walking Through the Flames

आग की लपटों के बीच से गुज़रकर
वह निकल आयी बाहर
बिना झुलसे हुए
और फिर, महसूस हुई उसे
भीतर की वह झुलस
जलती शर्म की ज्वाला
अग्नि-परीक्षा में धकेल दिया जाना
उन असंख्य नज़रों के बीच
जो तय करेंगी
पवित्रता उसकी।
बाहर, वह बच गयी सकुशल
पर निश्चय ही सीता के दिल में
चटक गया था कुछ उस दिन
जल गया था सतीत्व में उसका विश्वास
राख हो गया उन आरोप लगाती
जिह्वाओं की अग्नि में

जब एक दिन सीता ने
धरती का आह्वान किया कि
खुल जाये और निगल जाये उसे
तब निश्चय हमारे लिए कुछ बदलना चाहिए था

इतनी कड़वाहट के बाद
निश्चय ही संसार को कुछ लाज लगी होगी
निश्चय ही फिर से सब वैसा ही कैसे हो सकता है
और उसके बाद भी
और फिर भी...

Subliminal

ख़ामोशी का जमघट

Pools of Silence

ख़ामोशी इकट्ठी हो जाती है
हमारे इर्द-गिर्द
जैसे ख़ामोश पानी
जिसमें डूबे हुए शब्द, ठहरे हैं
पानी में डूबे पत्थर हों जैसे।
उनकी परछाइयों-सी आकृतियाँ
चेहरे पर अजीब से पैटर्न रचतीं
हरीतिमा की गहराइयों से ऊपर उठ
करती हैं, आपका स्वागत
पारदर्शी ऐसी कि लगभग अपारदर्शी
खींचती हैं अपनी ओर
आप भूल ही जाये
वह मैं हूँ, तुम
या कोई और!

Subliminal

शान्तिनिकेतन की खोज में

In Search of Shantiniketan

वे कहते हैं इसे शान्ति का धाम
जहाँ लाल बजरी का रास्ता
छोड़ता है गाँव
खींचता है आत्मा को
अनजानी तलाश और
जोख़िम भरे रास्तों की ओर
जब कोई साथ न दे तुम्हारा
तो सुनाई देती है पुकार
एकला चलो रे!

जहाँ बुलाते हैं खोआई लाल मिट्टी के ढूह
स्वप्निल वृक्षों की फुनगियाँ बाँहें उठा
आकाश को छूना चाहती हैं और हमारा मन
बादलों का साथी बन उड़ जाता है
क्षितिज के पास कहीं दूर अन्तहीन विस्तार में

एक कवि का असीम शान्ति का स्वप्न
शान्तिनिकेतन, घर है कवि की आकांक्षा का
यह घर है कई घरों का
कई रंगों के सपनों का घर–
उदयन, कोणार्क, श्यामली, पुनश्च, उदीचि–

जहाँ खुली खिड़कियाँ ले जाती थीं कभी
आँखों को आशा और सम्भावनाओं के
खुले दृश्यों की ओर
लेकिन अब यह नया दृश्य
दुनिया के सीमित नज़रिये को ही प्रकट करता है

छत्तिम के वृक्ष की छाँह
ऋषि-चिन्तन की मुद्रा
बदल गयी अब शिला के स्मारक में
समय के परिदृश्य पर रुकी हुई साधना
शान्ति का स्वप्न
डूब रहा वर्तमान के कोलाहल में
अशान्त समय के उन्माद में
लेकिन स्मृतियों की गलियाँ
अब भी मोड़ती हैं मन को
उस खोयी जगह की तलाश में
जहाँ पेड़ों के नीचे गिलहरियाँ खेलती थीं और
किसी दूसरे ही युग के बच्चे
हवाओं में पाते थे आमों की गन्ध
सीखते थे चींटियों-मधुमक्खियों से
सुनते पक्षियों के गीत
निहारते वृक्ष
दौड़ते हवाओं संग
नाचते छम-छम करती बरसात में
और बुन रहे थे आने वाली उस दुनिया का स्वप्न
जहाँ मन हो भयहीन
और ज्ञान भी हो मुक्त!

Subliminal

लक्ष्मी कण्णन

लक्ष्मी कण्णन द्विभाषी लेखिका हैं। वे तमिल में 'कावेरी' उपनाम से लिखती हैं। अंग्रेज़ी और तमिल में उनकी अब तक सत्ताईस पुस्तकें प्रकाशित हैं जिनमें कविताएँ, उपन्यास, लघु-कथाएँ और अनुवाद शामिल हैं। लक्ष्मी की कविताओं में भारतीय संस्कृति की प्रतिध्वनि सुनाई पड़ती है। भारतीय साहित्य के मर्मज्ञ ओडिया के प्रतिष्ठित कवि जयन्त महापात्र का कहना है कि "लक्ष्मी की कविताओं की संगीतात्मकता उनकी काव्य-पंक्तियों में अन्तर्निहित है। इसलिए जब उनका पाठ होता है तो वह और भी सुन्दर हो जाती हैं। लक्ष्मी की कविताओं का जादू इस बात में है कि वे कविता में स्वर और बिम्ब का अद्वितीय सन्तुलन साध पाती हैं।" उन्होंने नदियों को जीवन और स्त्री का रूपक दिया है। उनका कथा-साहित्य अपनी अस्मिता की तलाश में संघर्षरत स्त्री के जीवन की महागाथा है। सामाजिक असमानताओं के विरुद्ध उनका स्वर तीव्र या आक्रामक न होकर साहित्यिक अन्तश्चेतना में गहरे अनुस्यूत है। उनका स्त्रीवाद व्यंग्य और व्यंजना में मुखर होता है।

उनके प्रकाशित काव्य-संकलन हैं, *नदी स्तुति* (2024), *सिपिंग द जैस्मीन मून* (2019)। अंग्रेज़ी में उनके प्रमुख उपन्यास हैं, *द ग्लास बीड कर्टेन, वुडन काउ;* कहानी संकलन हैं, *गिल्ट ट्रिप एंड जेनेसिस-सेलेक्ट स्टोरीज़* (2014) और *नन्दनवन एंड अदर स्टोरीज़* (2011)। तमिल में उनकी रचनाओं के शीर्षक हैं, *मुत्तुक्कल पत्थु* (दस सर्वश्रेष्ठ कहानियाँ, 2015), *आथुक्कु पोगनम* (उपन्यास, 2011) और *कावेरी कथिगल* (कावेरी की एकत्रित कहानियाँ, खंड 1 और 2, 2007)।

लक्ष्मी ने जेंडर-सम्बन्धी विषयों, अनुवाद और भाषा की राजनीति पर राष्ट्रीय और अन्तरराष्ट्रीय सेमिनारों में शोध-पत्र प्रस्तुत किये हैं। उन्होंने स्वयं अनेक पुस्तक

समीक्षाएँ लिखीं जो 'द लिटरेरी रिव्यू', 'द हिन्दू', 'द बुक रिव्यू', 'बिब्लियो', 'इकोनॉमिक एंड पॉलिटिकल वीकली', 'क्रिटिकल प्रैक्टिस', 'म्यूज़ इंडिया' और 'कॉन्फ्लुएंस : साउथ' के रविवार अंक जैसे प्रतिष्ठित समाचार पत्रों और पत्रिकाओं में प्रकाशित हुईं। उनके लेखन की व्यापक समीक्षा लन्दन यूके से प्रकाशित 'कॉन्फ्लुएंस : साउथ एशियन पर्सपेक्टिव्स' तथा अन्तरराष्ट्रीय समकालीन लेखन पर केन्द्रित वासाफ़री में की गयी है। उनके लेखन का उल्लेख 'जर्नल ऑफ़ कॉमनवेल्थ लिटरेचर', 'द रूटलेज इनसाइक्लोपीडिया ऑफ़ पोस्ट-कोलोनियल राइटिंग' और 'कैम्ब्रिज हूज़ हू इन राइटिंग' में किया गया है।

वे अमेरिका के आयोवा विश्वविद्यालय के अन्तरराष्ट्रीय लेखन कार्यक्रम में रेज़िडेंट राइटर रही हैं। इसके अतिरिक्त वे ब्रिटेन के कैम्ब्रिज विश्वविद्यालय में ब्रिटिश काउंसिल विज़िटर; इंडियन इंस्टीट्यूट ऑफ़ एडवांस्ड स्टडी, शिमला में फेलो, साहित्य अकादेमी की वरिष्ठ लेखक और जामिया मिल्लिया इस्लामिया विश्वविद्यालय, दिल्ली के अंग्रेज़ी विभाग से जुड़ी रही हैं। उन्होंने दिल्ली और कोलकाता के कॉलेजों और HASS, IIT, दिल्ली के अंग्रेज़ी विभाग में कई वर्षों तक पढ़ाया। आजकल वे द पोएट्री सोसाइटी ऑफ़ इंडिया की उपाध्यक्ष हैं।

गोमती

High and Dry

कहाँ है गोमती?
निश्चय ही वहाँ नहीं
जहाँ नदी किनारे सूखते कपड़ों के बीच
बलखाते हैं रेत के टीले
मुड़ी हुई साड़ी जैसे
या फिर वहीं है वह, जहाँ धँस गयी है मिट्टी
बनाकर मटमैला-सा धब्बा कोई।
कहाँ है वह?

क्या दूर कोने में बहती पतली धार
गोमती हो सकती है?

धोबियों की तरफ़ के
किनारे से बहती
छिपी है उस रेत के नीचे
जिसके ऊपर चलते हैं लोग

क्या वह हो सकती है गँदला पानी
जिस पर चलती हैं चटक
भड़कीले रंगों से रंगी नौकाएँ

जिन पर सवार हैं सजे हुए दूल्हा-दुल्हन
रिकॉर्ड प्लेयरों पर बजते भद्दे गाने
बिखरते हैं छोटी लहरियों पर

गोमती
हर बार, कुछ सालों बाद
जब तुम ग़ुस्से में उफनती भर उठती हो
कूल-किनारे तोड़ सब
पूरे अवध को हिलाकर रख देती हो
काँप उठता है, ईंट गारों से बना उसका वजूद
तब तुम अपने पूरे वैभव में नज़र आती हो

जब ख़तरा बन जाती हो इमारतों के लिए
गटक जाती हो नाव, घर/मवेशी
या फिर पूरा गाँव
तब भी नहीं भरता तुम्हारा पेट
और सब गटकने को रहती हो तैयार
तब लखनऊ शहर सजग होता तुम्हारे प्रति...

गोमती, जब तुम रहती हो शान्त और सन्तुष्ट
असहाय अकेली छोड़ दी जाती हो।

Nadistuti

रससुन्दरी

Rasasundari

धोना मत
न, नहीं
रससुन्दरी अपनी रसोई की
इन दीवारों की गहरी स्याही को
कभी मत धोना, पानी से
इन पर चोरी-चुपके से
गढ़े हैं जो अक्षर तुमने
उन्हें कभी मत धोना।

अक्षर प्रतिरूप हैं उन आवाज़ों के
जो कान में पड़तीं रहीं
अब वे जी उठे हैं, जीवन से स्पन्दित।

चावल, मछली, सब्ज़ी धोते
या कुछ छीलते-काटते, पकाते-हिलाते
दीवार पर पड़े वो चोरी के अक्षर

उड़ान भरने को पंख पसारे
आ बैठे हैं उस ताम्र पत्र पर

जो चुराया तुमने अपने बेटे से

देखो कैसे नाच रहे अक्षर
तुम्हारे मन की आँखों में

चैतन्य भागवत के पन्नों से निकल
उड़ बैठे हैं दीवार पर
जो तुमने चोरी से फाड़ लिया
जब कोई नहीं देख रहा था

कब चाहिए तुम्हें कोई किताब, रससुन्दरी
न काग़ज़, न क़लम
तुम्हारे पास थी रसोई की स्याह दीवार
जादुई शब्दों की गढ़न के लिए
रेखाएँ, बिन्दु, गोलाइयाँ
ये सब रहे तुम्हारे गुप्त संकेत
एक पूरी नयी दुनिया के लिए।

Unquiet Waters

---

* 1810 में जन्मी रससुन्दरी देवी ने बांग्ला में पहली आत्मकथा लिखी–*आमार जीबन* (मेरा जोवन)। जिस ज़माने में यह अन्धविश्वास था कि स्त्री के पढ़ने या पुस्तक को छू भर लेने से उस पर दुर्भाग्य बरसेगा, वह विधवा हो जायेगी। ऐसे समय में रससुन्दरी देवी ने पति द्वारा कुछ देर के लिए रसोई में छोड़ी गयी अपनी पुस्तक 'चैतन्य भागवत' का एक पन्ना फाड़ लिया और बेटे के ताम्र पत्रों में से एक पत्र चुराकर उन्हें मिलाकर पढ़ने की कोशिश की। अपनी रसोई की धुएँ से सनी दीवारों पर लिख-लिखकर उन्होंने अक्षर-ज्ञान अर्जित किया और फिर बाद में आत्मकथा लिखी जो अपने सादगी भरे पठनीय गद्य के लिए सराही गयी।

महाप्रजापति

Mahaprajapati

नये समय की स्त्री को
ज़्यादा पुरुष जैसा होना होगा
यानी वह, स्त्री हो थोड़ी कम
और पुरुष जैसी अधिक
जिससे कि वह बने बराबरी की हक़दार
'सम्मानित' पुरुष सरीखी

तब वह अपने अर्धनारीश्वर तत्त्व के अधिक निकट होगी

गौतमी जैसी स्त्री को भी यह करना पड़ा था
तीन बार गयी वह करने अनुग्रह
अपने पोषित पुत्र से
जो अब हैं बुद्ध
विश्व में सबसे सम्मानित
कि वे उसे, प्रवेश दें संघ में
भिक्खुणी की तरह

हर बार नकार दिया उन्होंने

पर तीसरी बार कुछ अलग घटा
क्योंकि इस बार
गौतमी ने समझदारी दिखाई

केश त्याग
भिक्खुओं-सा चोला अपनाया और
नंगे पाँव निकल पड़ी, सैकड़ों मील पैदल
सिर मुँड़ाये स्त्रियों के बड़े जत्थे के साथ
जो थीं शाक्य वंशी, राज परिवार की स्त्रियाँ
पहुँची विश्व के सबसे सम्मानित व्यक्ति के द्वार
स्वीकार ली गयी और गौतमी 'महाप्रजापति' कहलाई।

गौतमी ने अपने भाग्य को सराहा होगा
कि बुद्ध के प्रिय शिष्य आनन्द ने
जो थे स्त्रियों के सच्चे साथी,
इसे सम्भव बनाया, या फिर सोचा उसने...

जेंडर की इस पहली लड़ाई में

नहीं हो पातीं संघ में स्वीकृत,
भिक्खुणियाँ...
उसकी सम्पूर्णता का पूर्ण
जब तक कि गौतमी की तरह
वे ख़ुद को बदलकर
अपने दूसरे अर्ध, 'पुरुष' जैसी न हुई होतीं।

तभी मैंने कहा
नये समय की स्त्री को
होना होगा कुछ अधिक पुरुष-सा।

Sipping the Jasmine Moon

तुम मिलना चाहो तो

If You Want to Visit

यदि तुम मुझसे मिलना चाहो तो
अब ही वह समय है
हाँ, अब ही

रसोई से उठ रही है गन्ध
ताज़ी उतरती रोटियों की
तेल में चटकते मसालों की
अभी-अभी धुले खीरे और टमाटरों से
टपक रही हैं ओस-सी बूँदें

खिलखिला रहे हैं बच्चे
दौड़ते-भागते हुए एक-दूसरे के पीछे
परिवार जुट आया है बैठक में
जैसे पक्षी अपने घोंसलों में

साँझ ढले बजने लगी हैं
पूजा की घण्टियाँ
अगरबत्ती की सुगन्ध से
भर गया है कमरा

बेटे की आँखों से ख़ुशी छलक रही
संगिनी उसकी, घूम रही इधर-उधर
लहराती आँचल
शान्त और सौम्य

फ़ोन पर आती दोस्तों की आवाज़ें
हैं इतनी पास, बतियाती हुईं
आत्मीय और तरल
जैसे ठीक यहीं हों, मेरे कमरे के भीतर

आओ, इसी समय मुझसे मिलने आओ
शिकायत भरा एक भी शब्द नहीं है
मेरे पास
यह सब समेट कर मैं भी चल दूँगी
तुम्हारे साथ!

Nadistuti

विनीता अग्रवाल

विनीता अग्रवाल, कवि, सम्पादक और अनुवादक हैं जिन्होंने समकालीन अंग्रेज़ी भारतीय कविता के विकास और प्रसार में भी महत्त्वपूर्ण योगदान दिया है। वे 2020 से सुकृता पॉल कुमार के साथ 'ईयर बुक ऑफ़ इंडियन पोएट्री इन इंग्लिश' (2020-2021) का सह-सम्पादन कर रही हैं। उन्होंने 'काला घोड़ा आर्ट्स फेस्टिवल' सहित अनेक राष्ट्रीय और अन्तरराष्ट्रीय साहित्यिक कार्यक्रमों में भाग लिया। एक कवि के रूप में वे विशेष रूप से अपनी विविधता भरी संवेदनशील कविताओं के लिए जानी जाती हैं। भारतीय समाज की विविधताओं, प्राकृतिक दृश्यों तथा मानव भावनाओं के जीवन्त चित्रण से भरपूर उनके कविता संसार में भावनाओं का धीर-गम्भीर प्रवाह, पाठकों को उनके शब्दों से जुड़ने और उन अनुभवों को महसूस करने का अवसर देता है। विशेष रूप से, माँ के निधन के बाद लिखी उनकी कविताएँ अत्यन्त संवेदनशील और भावनात्मक थीं। वह मृत्यु के अनुभव को जीवन के माध्यम से देखती हैं। उनकी लेखन शैली में गहराई और सौन्दर्य का अद्वितीय मिश्रण है।

विनीता अग्रवाल ने छह काव्य-संग्रहों की रचना की हैं। *टू फुल मून्स* (2018), *वर्ड्स नॉट स्पोकन* (2013), *द लॉन्गेस्ट प्लेज़र* (2015), *द सिल्क ऑफ़ हंगर* (2016), *ट्वाइलाइट लैंग्वेज़* (2021)। उनका नवीनतम कविता-संग्रह है–*अर्था* (2024)। *ट्वाइलाइट लैंग्वेज़* को 2021 में 'प्रोवर्स पुरस्कार' दिया गया। उन्हें 2018 में 'रवीन्द्रनाथ टैगोर साहित्यिक पुरस्कार', 2015 में साहित्यिक उत्कृष्टता के लिए 'गायत्री गामार्श स्मृति पुरस्कार' और 2019 में 'हॉकर्स पुरस्कार' के एक विशेष सम्मान के लिए चुना गया था। 2021 में उनके कार्य को सम्मानित करते हुए उन्हें

पहला 'दीपांकर खिवानी स्मृति पुरस्कार' दिया गया। उनकी रचनाएँ न केवल भारत में बल्कि अन्तरराष्ट्रीय स्तर पर भी विभिन्न संकलनों और साहित्यिक पत्रिकाओं में प्रकाशित हुई हैं। उन्होंने दो संकलनों, *ओपन योर आईज़* (2020) और *काउंट एवरी ब्रेथ* (2023) का सम्पादन भी किया है, जो जलवायु परिवर्तन पर आधारित हैं। वे अग्रेज़ी की प्रतिष्ठित पत्रिका 'उसावा लिटरेटी रिव्यू' में पोएट्री एडिटर रही हैं तथा इन दिनों टैगोर साहित्यिक पुरस्कार की सलाहकार समिति के सदस्यों में शामिल हैं। पर्यावरण और स्थिरता के लिए बनाये गये वैश्विक उत्कृष्टता परिषद की वे सह-अध्यक्ष हैं। वे कुशल फ़ोटोग्राफर तथा पक्षियों के अध्ययन व संरक्षण में संलग्न हैं।

प्यार के बारे में सोचते हुए

Thinking Of Love

चाँद पर हल्की बारिश
और मरहम से तुम

अगस्त की बची आख़िरी थकी हुई रातें
चाहती हैं तुम्हारा माथ
गाल और होंठ

उम्र जीवन की शर्तों से हार रही
उदासी महक रही मेरी हथेलियों से

क्या मैं अब भी पा सकती हूँ
जो खोया है प्यार में मैंने
वैसा ही कुछ दर्द
वैसी ही दया

सीखने के दर्द ने मुझे सिखाया
सफ़ेदी का अर्थ
सिखाया मुझे ध्यान से सुनना
चीलों की तीख़ी दर्द भरी आवाज़

समेट लेने दो मुझे
अपने दिल के बचे टुकड़े
और उड़ेल देने दो धधकती आग
समय में

मेरे पास कुछ अच्छी यादें हैं
मेरे पास कुछ अच्छी यादें हैं

जवानी का कारवाँ
अब गुज़र गया है
मुझे छूकर
अब बचे हैं हुकुम के पत्तों से
वे कँटीले कीटाणु
मुझसे उलझते
दुश्मनों जैसे
जबकि मैं बस सोचना चाहती हूँ
प्यार के बारे में!

Two Full Moons

नदी से मैं कहती हूँ मैं प्रार्थना करूँगी फिर से

I Tell the River that I Shall Pray Again

बरसों से किसी सुख के बदले
ईश्वर से वायदे करती आयी हूँ
छोटी-छोटी कृपा के लिए फूल चढ़ाये
सुरक्षा के लिए व्रत रखे
सम्पत्ति के लिए धन अर्पित किया

और अब,
ऐसा नहीं है कि मैंने
प्रार्थना करना छोड़ दिया हो
लेकिन एक मौन है हमारे बीच
पिछले कुछ बरसों से
जब प्रार्थना में हाथ जोड़ खड़ी होती हूँ
तब सोच रही हूँ कि फूलदान में फूल
बदलने होंगे
अगरबत्ती के इस ब्राण्ड से राख बहुत झरती है
चाँदी के बरतन चमकाने होंगे
फ्रेम जड़ी तस्वीरों को झाड़ना होगा

तुम्हारा अन्तिम क्रिया-कर्म कर
लौट रही हूँ घर की अँधेरी सियाहियों में
मैंने बाँधा राख का वह कलश

बाहर लगी अलगनी पर
क्योंकि अपशकुन होता
उसे भीतर ले जाना।

प्रतीक्षा का इससे बड़ा प्रतीक
क्या हो सकता है
जैसे कि किनारे खड़ी नाव
या फिर गर्म अस्थि कलश
जिसे टाँग दिया हो
किसी पेड़ या अलगनी पर

नदी प्रतीक्षा का अन्त है
प्यास बुझाने का अन्तिम उपाय
आज रात मैं लेटी हूँ निरावृत्त
कल, नदी समा लेगी यह राख
और भर देगी मुझे फिर से
प्रार्थनाओं, प्रार्थनाओं से।

Twilight Language

कहाँ से आती हूँ मैं

Where I Come From

मैं उस रेत से आती हूँ
जहाँ लड़कियों के पैदा होने पर
काँटों से उग आते हैं शब्द

मैं उस धरती से आती हूँ
जहाँ पतझड़ के गुलाबी-केसरी रंगों से
रंगी धरती फटने लगी है सूरज के ताप से
जहाँ धूल और हवाएँ चुभती हैं
आँखों में सुइयों-सी
जहाँ भीतर और बाहर के तूफ़ान
मजबूर कर देते हैं
औरतों को
पर्दों के मक़बरों में ज़िन्दगी जीने को

मैं उस जगह से आती हूँ
जहाँ साँझ रात ढलने तक मोहिनी में बदल जाती है
पसर जाती है बेख़बर-सी
जैसे शनील की रज़ाइयाँ सूत की चारपाइयों पर
मैं उस देस से आती हूँ जो मशहूर हैं
कठपुतलियाँ बनाने के लिए
लकड़ियों की और देह की भी

लकड़ी की कठपुतलियाँ बच्चों का मन बहलाती हैं
और
कठपुतलियों-सी देह मर्दों का मन लुभाती है
ज़िन्दगी भर

मैं उस भूगोल से आती हूँ
जहाँ लड़कियाँ चुप्पियों की कशीदाकारी करती हैं
फैला देती हैं शब्दहीनता की चादर
ख़ूब विस्तृत
जैसे रेगिस्तान पर तारों जड़ा आकाश
उनकी चुप्पियाँ अन्तरिक्ष-सी गहरी हैं
जहाँ झरते हैं उनके आँसू
वहाँ इतिहास दबाये ऊँची दीवारें हैं
छिपी हुई उन नदियों की तरह
जो कभी इस समतल में बहती थीं
हँसती-खिलखिलाती घाघरे पहने वे लड़कियाँ
अब नहीं दिखतीं, खो गयी हैं हमेशा के लिए
उसी जगह से मैं आती हूँ

Two Full Moons

काली की दस भुजाएँ

Kali's Ten Arms

भुजाएँ बोलती हैं रात को
खुरदरे नाख़ूनों से उस रगड़ती छुअन के ख़िलाफ़
स्नायुओं में चटकती ताक़त भरकर

और फिर बोलती हैं वे सुबह को
उस खुलती आशा से भरी
एक नये दिन के अंक में डोलती
चटकती अग्नि-रश्मियाँ

वे बोलती हैं उन सबके बीच
ब्रेकिंग न्यूज़, हेडलाइंस और टेलीविज़न
की चीख़-चिल्लाहट के बीच
देशभक्ति की पुकार से रुँधी
न्यूज़ एंकरों की साँसों के बीच
वे बोलती हैं उन धोबी घाटों पर
जहाँ मुहावरों की तरह
अपने कपड़े धोये जाते
बीच बाज़ार बेशर्मी से
थप्पड़ और घूँसों के वार
लकड़ी की थापी की कुटाई
फिर भी कुछ उजला नहीं होता

भुजाएँ शस्त्र हैं अपने बचाव की

तुम हो यहाँ
जबकि यहाँ होना कब चाहा था तुमने
और अब तुम्हें लड़ना ही होगा
हर साँस, एक युद्ध
स्त्रीत्व का हर उभार है खेल का मैदान
भाग्य का किसे पता है
जीत कौन मानता है
अनजान हो तुम जो यह सोचते हो
चाँदी के तावीज़, गढ़े गये कंगन
सोने-चाँदी की चूड़ियाँ

ये सुन्दर बाँहें, उन्हीं के लिए बनी हैं
न, ये भुजाएँ भाग्य की विधाता हैं
उँगलियाँ ऊपर उठी हुईं आकाश की ओर
बँधी मुट्ठियाँ चोट करतीं पत्थर-दिलों पर
कसी हैं ये भुजाएँ मज़बूत कन्धों पर
कसक रहीं झटकने को बोझ योनि का
इन भुजाओं को आभूषण नहीं चाहिए
चाहिए इन्हें केवल
बाँह-भर एक गज़ जगह
शोषण के फ़न उठाये नागों से
या फिर वह एक ऐसी गदा
जो दूर से पहचान पाये
दूषित रक्त से सने दुश्मनों को!

Twilight Language

संजुक्ता दासगुप्ता

संजुक्ता दासगुप्ता का बहुमुखी लेखन ज्ञानात्मक संवेदन व कलात्मक विन्यास की मिलन भूमि है। उनकी कविताओं में भाषाई सौन्दर्य और सामाजिक सरोकार समानान्तर दिखाई देते हैं। जाति-वर्ग आधारित सामाजिक विषमता, लैंगिक असमानता जनित समस्याओं के विरोध में उनकी कविता निरन्तर आवाज़ उठाती रही है। वे अक्सर जीवन के अन्तर्विरोधों, मानवीय संवेदनाओं और समाज के उपेक्षित वर्गों की पीड़ा को दर्शाती हैं। उनकी कविताएँ, व्यवस्था द्वारा प्रताड़ित व्यक्ति के कन्धे पर रखा हुआ हाथ हैं जो उसे बेबसी से निकालकर संघर्ष के लिए तैयार कर रही हैं। सामाजिकता इन कविताओं का एक पक्ष है तो संस्कृति दूसरा। उन्होंने अपनी कविताओं में मिथक और दर्शन का सृजनात्मक प्रयोग किया है। उदात्त की तलाश में उनकी कविता, अनेक तत्त्वों को साथ ले आती है। अतीत में आवाजाही करते हुए ये कविताएँ समकालीन संवेदना की सघन अभिव्यक्ति हैं। 'सीता की बहनें' कविता इसका विलक्षण उदाहरण है।

कवि होने के साथ-साथ संजुक्ता दासगुप्ता कलकत्ता विश्वविद्यालय में प्रोफ़ेसर तथा अंग्रेज़ी विभाग की अध्यक्ष रही हैं। उन्होंने दक्षिण एशियाई साहित्य की विराट परम्परा में भारतीय जीवन और संस्कृति के विभिन्न पहलुओं को उजागर किया है। सामाजिक न्याय, स्त्रीवाद और संस्कृति के समन्वित स्वर उनकी कविताओं के चिन्तन पक्ष को दृढ़ आधार देते हैं। उनके अनुसार कवि-कर्म केवल काव्य-रचना तक ही सीमित नहीं, समाज के संवेदन-तन्त्र व समझ को नयी सोच की ओर मोड़ना भी उसके कार्य में शामिल है।

उनकी अब तक कुल 27 पुस्तकें प्रकाशित हैं जिनमें 9 कविता-संग्रह हैं– *स्नैपशॉट्स* (1996), *डायलेमा* (2002), *फर्स्ट लैंग्वेज़* (2005), *मोर लाइट* (2008), *लक्ष्मी अनबाउंड* (2017), *सीताज़ सिस्टर्स* (2019), *इनडोमिटेबल द्रौपदी* (2022), *एकलव्य स्पीक्स* (2024) तथा *अनबाउंड : न्यू एंड सिलेटक्टिड पोयम्स* (सं. जयदीप सारंगी और संघिता सान्याल 2021)

उनका साहित्यिक परिदृश्य विभिन्न विधाओं में विस्तारित है। उन्होंने कविताओं के साथ-साथ आलोचनात्मक निबन्ध, लघु-कथाएँ और अनुवाद कार्य भी किया है। उनकी आलोचकीय रचनाओं में प्रमुख हैं–द *नॉवेल्स ऑफ़ हक्सले एंड हेमिंगवे : अ स्टडी इन टू प्लेन्स ऑफ़ रियलिटी* (1996), *रिस्पोन्सेस : सिलेक्टेड ऐस्सेस, मिडिया, जेंडर एंड पॉपुलर कल्चर इन इंडिया–ट्रैकिंग चेंज एंड कॉन्टिन्युटी* (2011)।

संजुक्ता दासगुप्ता ने जगेलोनियन विश्वविद्यालय (क्राकोव, पोलैंड) में विज़िटिंग प्रोफ़ेसर के रूप में अध्यापन किया है। उन्हें अनेक राष्ट्रीय व अन्तरराष्ट्रीय फ़ेलोशिप और अनुदान भी प्राप्त हुए हैं, जिनमें प्रमुख हैं–ब्रिटिश काउंसिल चार्ल्स वालेस स्कॉलरशिप, फुलब्राइट पोस्ट डॉक्टोरल रिसर्च फ़ेलोशिप आदि। उन्हें 'WEI-कमला दास पोएट्री अवार्ड' (2020), 'इथोस लिटरेरी अवार्ड', 'CLRC नेशनल लाइफटाइम एचीवमेंट अवार्ड' (2024) से सम्मानित किया गया। 2024 में ही उन्हें राज्यपाल के 'स्क्रोल ऑफ़ ऑनर' में शामिल किया गया।

वे साहित्य अकादेमी की सामान्य परिषद की संयोजक सदस्य तथा इंटरकल्चरल पोएट्री एंड परफॉर्मेंस लाइब्रेरी की अध्यक्ष हैं, जहाँ वे कविता के माध्यम से सांस्कृतिक संवाद को बढ़ावा देती हैं।

सीता की बहनें

Sita's Sisters

सीता की बहन अच्छी औरत थी
वह केवल एक ही आदमी की हुई
ब्याह, सिन्दूर...
चूड़ियाँ खनकती थीं उसकी कोमल कलाइयों में
उसका पति था उसका परमेश्वर
उसका मालिक और स्वामी
साँसें उसकी घुटी-घुटी थीं, होंठ बन्द
वह शेर ख़ूँख़ार था और यह भीगी बिल्ली
आँख मिलाना था एकदम वर्जित
मेरी तरफ़ देखने की हिम्मत कैसे की–वह चिल्लाता
मैं तुम्हारी आँखें निकाल लूँगा, बेशर्म औरत

सीता की हैं असंख्य बहनें...क्या नाम हैं उनके
रीता, मीता, अर्पिता, सुमिता, रिनीता
लोलिता, बोनिता, अनीता, सुनीता, सुचेता...

हज़ारों-हज़ार सीता की बहनें
रटन्तु तोतों-सी, दयनीय कठपुतलियाँ
रिमोट से चलती रोबोट जैसीं

सीता की बहनें देखती हैं निःशब्द
सीता की बहनें हैं गूँगी और बहरी
सीता की बहनें जब करती हैं आँखें बन्द
आँखों की जगह होते हैं ख़ाली गड्ढे

सीता की बहनें पुकारती हैं माँ धरती को
याद रखना माँ, हमारी बहन सीता की आत्महत्या,
बेगुनाह सीता की यातनापूर्ण परीक्षा
हे माँ, बचाना हमें
बचाया था जैसे सीता को तुमने

लेकिन हाय सीता की बहनों के लिए धरती की छाती नहीं फटी
सीता की उदास बहनों की लगातार उठती असहनीय चीख़ों ने
धरती माँ को संवेदनहीन पत्थर में बदल दिया!

Sita's Sisters

एक सोये हुए गाँव की दास्तान

A Tale of a Sleeping Village

एक सोये हुए गाँव ने तमंचे उगाये
अचानक एक सोये हुए गाँव पर
कई रंग के झंडों ने चढ़ाई कर दी थी
उस साल खेतों में तमंचे उगे

किसानों ने देखे सपने
अविनाशी उपग्रह-शहर के
पटरियाँ सोने की और झंकार स्टील की
आलीशान एक चेतावनी

गहरी नींद में डूबा रहा
एक सोया हुआ गाँव
नहीं पकड़ पाया सन्दिग्ध बातों के द्विअर्थी मायने

हाय एक सोया हुआ गाँव
चंचल वायदों की लोरियों के बहकावे में
छला गया लच्छेदार बातों के पेचो-खम में

सीधे-सादे गाँव वालों ने तमंचे उगाये उस वर्ष
बन्दूक़ों के घोड़े दबाना सीखा
जबकि हलों पर जमती रही धूल

एक सोये हुए गाँव ने
मृत्यु देखी उस वर्ष
कर उठे चीत्कार, 'अकेला छोड़ दो हमें'

जो सच को झूठ की तरह बरतते हैं
उनके झाँसे में आ गये
सपनों के बदले पाये दुःस्वप्न
शैतानी चंगुल की गिरफ़्त में छटपटाये

एक सोया हुआ गाँव
डूब गया लहू और आँसुओं में
तीन फ़सलें उगाईं...बन्दूकें, गोलियाँ और बम

चालाक अजनबियों की शहद भरी बातों के
नशे में डूबे, शब्दों के जाल में उलझे
एक ही रात में निवासी से शरणार्थी हुए

ताक़त का खेल चलता रहा
डर पीछा करता रहा उनका
बम विस्फोट का धमाका और मौत की ख़ामोशी

संज्ञाहीन सन्देशवाहक लड़के-लड़कियाँ, बन्धक मनुष्य
मूर्च्छित हिम्मतताई उस मैदानी गाँव में
ब्रेश्ट और गोर्की की माँएँ फँस गयी थीं
कठपुतली नचाने वालों के जाल में

... ...

एक रात अचानक ग़ायब हो गया
यह सोया हुआ गाँव

अपने लोगों, मिट्टी और खन्दकों के साथ
उड़न-तश्तरी सा

यह सोया हुआ गाँव
फिर सो गया गहरी नींद
सुख की साँस लिए

जागना उनके लिए दुखद और भयावह रहा!

Lakshmi Unbound

पतझड़
Autumn

बसन्त को अब मैं बहुत पीछे छोड़ आयी हूँ
मेरे झुर्रियों भरे हाथों को
थामता है पतझड़, कोमलता से
पतझड़ के आलिंगन में
मैं जानती हूँ अब
यदि पतझड़ आया है
तो बहुत दूर नहीं होगा शिशिर

बसन्त अचानक ले आता ख़ुशियाँ और ग़म
जादुई बरसात घावों को भर कर मुलायम कर देती
अब, अनचाहे ही ख़ूब ख़याल रखने पर भी
बालों में सफ़ेदी चाँदी-सी चमकती है
पतझड़ मेरी आँखों में है
मोतियाबिन्द और झरते आँसुओं में
घिर आता धारा-प्रवाह, जबकि रोती नहीं मैं अब

उल्लास से भरा वसन्त
झूठ लगता है अब
संवेदना जगाता पतझड़
करता है तैयार चिर शीत-निद्रा के लिए
पीछे से आ रही शिशिर के क़दमों की आहट

Sita's Sisters

मेरी माँ का हारमोनियम

My Mother's Harmonium

हमारे चलते हुए गलियारे के कोने में
हारमोनियम पड़ा है चुपचाप
एक गहरे रंग के बक्से में
बड़े पत्थर की तरह

"मेरे पाँच साल के बेटे को
हारमोनियम का बहुत शौक़ है
मेज़ पर कंघी बजाते हुए
वह मन ही मन हारमोनियम बजाता है

हम भूल ही चुके थे कि
मेरी माँ का हारमोनियम
पड़ा है गलियारे के कोने में
शान्त और अचल

जब-जब सफ़ाई अभियान चलाते
हम परछत्ती पर ढूँढ़ते
माँ का हरमोनियम
किसी ने उसे दे तो नहीं दिया
कहीं कबाड़ी के साथ तो नहीं चला गया
मेरे मन में एक टीस-सी चुभती है

फिर अचानक
इक कौंध की तरह
मन के परदे पर कौंधता है
उस लम्बे गलियारे में
उपेक्षित पत्थर-सा पड़ा
मेरी माँ का हारमोनियम

बरसों बाद बक्से से निकाला जाता है
वैसा ही शान्त, मुस्कुराता है
जैसा वह हुआ करता था
ज़र्द पीली पड़ चुकी है सुरों की सफ़ेदी
हारमोनियम का गहरा रंग
घुल गया ताज़ी हवा में

बरसों से गहरे रंग के लकड़ी के बक्से में जकड़ा
मेरी माँ का हारमोनियम पुनः प्रकट होकर
कल एक नयी यात्रा शुरू करेगा
पहुँचेगा जब
वह पाँच साल के बच्चे के घर

लेकिन आज की रात मैं उस पुराने हारमोनियम पर
उँगलियाँ फिराकर बजाऊँगी कुछ पुरानी धुनें
जो मैं और मेरी माँ साथ-साथ गाते थे
कभी यह हारमोनियम
कई कार्यक्रमों में बड़े-बड़े सभागारों की यात्रा करता था

हमेशा गाते हुए, मेरी माँ को
अपना ही हारमोनियम बजाना अच्छा लगता
या मेरी संगत करना
जब गाती थी मैं अकेली या उनके साथ
उस आख़िरी बार भी हमने ऐसा ही किया था

जब साथ थे हम
अन्तिम यात्रा पर उनके जाने से पहले

कल मेरी माँ बनेंगी गुरु
पाँच साल की उन नन्हीं उँगलियों की
जो बजायेंगी मेरी माँ का हारमोनियम
ठीक वैसे ही जैसे उन्होंने कभी
उँगलियाँ साधना सिखाया था अपनी बेटी को
जब थी वह सिर्फ़ पाँच साल की

फ़िलहाल मैं विदा गीत गाऊँगी
बजाकर अपनी माँ का हारमोनियम

Sita's Sisters

सुकृता

सुकृता भारतीय अंग्रेज़ी साहित्य की प्रतिष्ठित पहचान हैं। सृष्टि के विस्तार को उसकी विराटता में देखने की रचनाकांक्षा सुकृता की कविताओं की प्रेरक है। उनकी कविता का कैनवस, कल्पना की उड़ान, दर्शन की गहराई, परिवेश और यथार्थ के मानवीय अनुभव, प्रकृति के विराट में एक लय होते मानवीय अस्तित्व, रिश्तों की प्रगाढ़ता, स्त्री के नैसर्गिक रूप के अद्भुत बिम्ब, बेघरों के जीवन संघर्षों के ब्यौरों जैसी अनेक छोटी-बड़ी बातों से रचा गया है। सुकृता जितनी अच्छी कवयित्री हैं उतनी ही कुशल चित्रकार भी। कहना मुश्किल है कि उनके चित्र कविताओं में ढलते हैं या शब्द, चित्र बन जाते हैं। रंग-रेखाओं से सजी इन कविताओं में, एक-एक शब्द तनी हुई रस्सी पर खिंचा-बँधा चलता है। शब्द और मौन मिलकर इस संसार को रचते हैं। दोनों को साथ पकड़ पाना, उनसे समान अनुराग रखना मानवीयता के दीर्घजीवी प्राण को पकड़ने जैसा है जिसमें 'एब्सल्यूट' की कोई तानाशाही नहीं, उन्मुक्तता है सबको साथ लेकर, सबको साथ पाकर, उत्साह और उत्फुल्लता से जीने की। जीने की जगह जब सिकुड़ती जा रही है तब सकारात्मकता का यह भाव आश्वस्त करता है।

उनके प्रमुख कविता-संग्रह हैं—*सॉल्ट एंड पैपर* (सिलेक्टिड पोयम्स 2023), *वैनेशिंग वर्ड्स* (2022), *मोमेन्ट्स आफ़ बींग* (2019), *अनटाइटल्ड* (2015), *ड्रीम कैचर* (2014), *विदआउट मार्जिंस* (2004), *अपूर्ण* (1988), *ऑसिलेशन्स* (1974)। उन्होंने कम शब्दों में पूरी बात कहने की निजी शैली विकसित की है, जिसे वे poemlets कहती हैं। उनका नवीनतम संग्रह *येलो* (2024) ऐसी ही लघु-कविताओं का संकलन है।

गुलज़ार ने उनकी कविताओं के अनुवाद 'पोयम्स कम होम' शीर्षक से किये हैं। *समय की कसक* शीर्षक से रेखा सेठी ने उनके काव्य संकलन *Untitled* का हिन्दी अनुवाद किया और सविता सिंह के साथ उनकी कविताओं की द्विभाषी प्रस्तुति *साथ चलते हुए* में हुई है। उन्होंने स्वयं अनेक पुस्तकों के अनुवाद किये हैं।

सुकृता का साहित्यिक व कलात्मक योगदान उनके गहरे सामाजिक-सांस्कृतिक बोध से रचा गया है। कविताओं सहित उनका आलोचनात्मक लेखन भारतीय समाज की जटिलताओं को प्रतिबिम्बित करता है। आलोचना के क्षेत्र में उनकी उल्लेखनीय पुस्तके हैं–*नरेटिंग पार्टीशन, इस्मत आपा* तथा *कॉन्वर्सेशन्स ऑन मॉडर्निज़म*। वे अनेक पुस्तकों की सह-सम्पादक हैं, जिनमें *कृष्णा सोबती : ए काउंटर आर्काइव* (2022), *स्पीकिंग फॉर माईसेल्फ : एशियन वीमेन्स राइटिंग्स* (2009) शामिल हैं। वे पिछले कुछ वर्षों से 'ईयर बुक ऑफ़ पोएट्री' का भी सह-सम्पादन कर रही हैं और भारतीय लेखकों पर आधारित पुस्तक श्रृंखला *राइटर इन कॉन्टेक्सट* की सीरिज़ एडिटर हैं। 'शान्ति की संस्कृति' पर यूनेस्को परियोजना के निदेशक के रूप में उन्होंने *मैपिंग मेमोरीज़* का सम्पादन किया जो भारत और पाकिस्तान की उर्दू लघु-कथाओं का संकलन है।

सुकृता को, अमेरिका स्थित आयोवा विश्वविद्यालय के इंटरनेशनल राइटिंग प्रोग्राम में तीन माह की लेखन कार्यशाला के लिए, कवि रूप में आमन्त्रित किया गया। उन्हें अनेक फ़ेलोशिप व सम्मान मिले हैं, जिनमें शिमला स्थित 'भारतीय उच्च अध्ययन संस्थान' का तथा भारतीय संस्कृति मन्त्रालय का 'टैगोर फ़ेलोशिप' तथा 2023 में 'रवीन्द्रनाथ टैगोर लिटरेरी प्राइज़' उल्लेखनीय हैं। वे दिल्ली विश्वविद्यालय के अरुणा आसफ़ अली चेयर पद से सेवानिवृत्त हुईं और इन दिनों वे साहित्य अकादेमी, भारत द्वारा प्रकाशित जर्नल 'इंडियन लिटरेचर' की अतिथि सम्पादक हैं।

चूड़ियाँ पहनने की कला

Art of Wearing Bangles

ख़ाली पन्ना पहनता है शब्द
उसी शौक़ और सब्र से
जैसे लड़कियाँ
पहनती हैं काँच की चूड़ियाँ
एक-एक कर, ध्यान से, धीरे-धीरे

एकदम सही माप की
न चटकें, न खुरचें
वो दबती कलाइयाँ
गुज़रती हैं जो उन गोलाइयों से
बहुत ढ़ीली, लटकती हुई न हों
न इतनी तंग कि टकरा जायें त्वचा से

झंकृत होने दो उन्हें
उल्लास में छलकने दो
गति में थिरकने दो
नृत्य में लय हो जाने दो
जैसे कविता होती है पन्ने में।

Untitled

अब मैं जानती हूँ

Now I Know

वहाँ...
एक दर्द अधीर और अशान्त करता-सा
एक दर्द मेरे अस्तित्व को बाँधता हुआ
देख सकती हूँ उसे अपने भीतर से गुज़रते हुए
देख सकती हूँ उसे उठते और मुझे उठाते हुए
दूर कहीं, जहाँ कुछ भी नहीं
कोई भी नहीं
लेकिन पुकारता है कोई मुझे
मेरा नाम
मेरे होने का स्पन्दन
कहीं दूर, वहाँ...

दर्द की है थरथराहट
मुझे मुझसे जोड़ती
बाक़ी सब से अलगाती
दर्द है साधना
अपने से अपनी रिहाई का दर्द
जान से मुक्ति का
दूर दृष्टि का
अलगाव और अनासक्ति का
उतना ही प्रेम और आसक्ति का

मोटरसाइकिलों पर औरतें

Women on Motorbikes

हर रोज़ अपमानित की जाती हैं
बहनें-बेटियाँ और माँएँ भी
चुटकुले बनते हैं उन्हें लेकर

पुरुष-नज़र में फँसी
महाकाव्यों में 'सॉफ्ट टारगेट'
बना स्थिर कर दी गयीं
सिनेमा में गुड़ियों-सी
द्वन्द्व-युद्ध होते हैं उनके लिए
युद्धों का बहाना रही हैं
अतीत में, वर्तमान में भी

स्वामित्व में जकड़ी रहीं
जैसे फ़र्नीचर या ज़ेवर कोई
तिजोरी में रख दी गयीं
इतिहास की राजसी कोठरियों में बन्द

जब सीता सावित्री दुआ-सलाम करती हैं
गाती हैं पराधीनता के गीत
पराजय और पश्चात्ताप के आँसू बहातीं

मोटरसाइकिलों पर ललद्यद और अक्का महादेवी
शताब्दियों की राह से, तेज़ गुज़र जाती हैं
एक से अनेक होतीं–शक्तिरूपा!

खोजती रही हैं,
हर एक
अपनी राह, अपनी धुन,
अपनी कहानी!

Salt and Pepper

विचार की धाराएँ

ठहरी-पसरी जैसे
चाँदनी
पेड़ की शाखाओं पर

7

पीछे-से
लगातार
क़दमों की आहट

मुड़कर देखना
तोड़ देगा
सभी आशाओं को

8

क्या है वास्तविक?

आसमान में फड़फड़ाते
पक्षी की छवि
या फिर
तेज़ बहती नदी में
रुका हुआ अक़्स

पानी में हिलता चाँद
या फिर ऊपर
ठहरा चाँद

समानान्तर

निरन्तर!

9

जब मेरी परछाईं
मुझसे आगे निकाल गयी

मैं जान गयी
मैंने सूरज पार कर लिया है

10

रचने की प्रक्रिया में
मैं, हरदम अपने से आगे ही रहती हूँ
पीछे मुड़कर देखने को कुछ भी नहीं

बाक़ी बचे वक़्त में
मैं, अपना ही पीछा करती हूँ
आगे देखने को कुछ भी नहीं

मुद्दा सिर्फ़
क़दमताल बनाये रखने का है...

Yellow

□□